"儒家文明省部共建协同创新中心"资助项目

山东大学儒学高等研究院重点项目

山东省"泰山学者"项目阶段性成果

汉字
中国

义

曾振宇·主编

李亚信 郭 征·著

华夏出版社

图书在版编目（CIP）数据

义／李亚信，郭征著． —— 北京：华夏出版社，2020.9
（汉字中国／曾振宇主编）
ISBN 978-7-5080-9789-3

Ⅰ．①义… Ⅱ．①李…②郭… Ⅲ．①汉字－通俗读物 ②中华文化－通俗读物 Ⅳ．① H12-49 ② K203-49

中国版本图书馆 CIP 数据核字（2019）第 124063 号

## 义

| 作　　者 | 李亚信　郭　征 |
|---|---|
| 责任编辑 | 李春燕 |
| 美术设计 | 远顾设计工作室 |
| 责任印制 | 顾瑞清 |
| 出版发行 | 华夏出版社有限公司 |
| 经　　销 | 新华书店 |
| 印　　刷 | 三河市万龙印装有限公司 |
| 装　　订 | 三河市万龙印装有限公司 |
| 版　　次 | 2020 年 9 月北京第 1 版<br>2020 年 9 月北京第 1 次印刷 |
| 开　　本 | 880×1230　1/32 |
| 印　　张 | 8.5 |
| 插　　页 | 4 |
| 字　　数 | 200 千字 |
| 定　　价 | 59.00 元 |

华夏出版社有限公司　地址：北京市东直门外香河园北里 4 号　邮编：100028
网址：www.hxph.com.cn 电话：(010) 64663331（转）
若发现本版图书有印装质量问题，请与我社营销中心联系调换。

甲骨文·义字

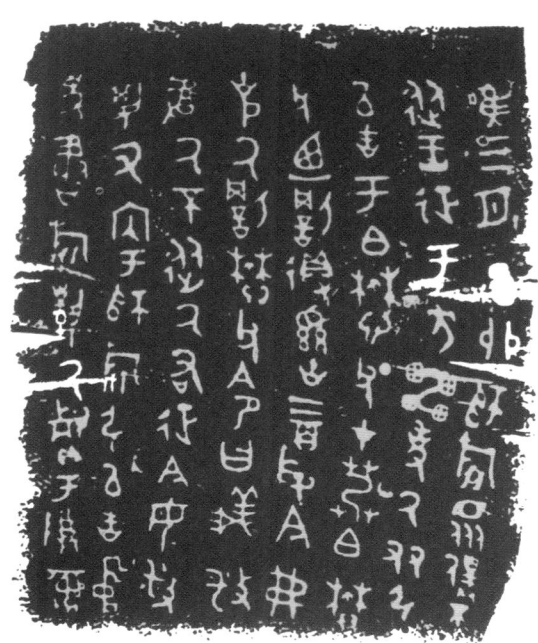

金文　西周师旗鼎

金文　西周仲义父鼎

义威诛㞢䏌熄
暴悖乱宁贼灭亡
圣德广密六合
㞢中被泽㒺疆

篆书　秦　李斯书　会稽刻石

引群生丹脱巨波率诸号
义俨立天窗趣修严震兼
造白玉像一龛香属俦妙
剖厢镌磨妙匠精巧三十
二满八十好圆色拚耀灵
九晖夜窀己诸朕菩仰资

隶书　东魏中岳嵩阳寺碑

# 序

《汉字中国》丛书即将付梓,主编曾振宇教授嘱我在书耑写几句话。我认为"汉字中国"是个好题,丛书的出版是件好事,摆到读者面前的是一套好书,振宇教授美意岂能却之?遂谨献鄙意如下。

首先我想说,这是一套什么样的丛书。显然,它不是研究中国文字的学术丛书,而是在文字研究基础上通俗地讲述中国自有的文化哲学体系中一批重要概念的著作,是一套把汉字与它所承载的哲学概念如何紧密地融合起来这一独特的现象呈现出来的创新之作。

丛书的编著者们认为"中国本土哲学与文化形态中的概念、文字和词语是中国哲学与文化的'结晶体'"。这是一个含义很深邃、又很形象的比喻。这就意味着《汉字中国》将对中国哲学与文化的概念进行深入解读,探索其内涵和外延,从而发掘、展现中华文化与其哲学的精神、品质、性格的独特性,消解中国哲学与文化之双足只穿西方哲学之鞋履所带来的误解、困惑与尴尬。反过来看,通过对中国哲学与文化的认知和体验,又可以明了并深化对这些汉字形音义的来龙去脉、衍生变异以及遗存、渗透在现代汉语词汇中的文化基因的认识。或许这也是本套丛书冠以《汉字中国》之名的用意所在吧。

诚然,《汉字中国》所分析、论列的,大多是日常所用的字词,有些即使是"专门"词语,也已经为越来越多的人所习见;但是,由于种种历史的、社会的原因,今人也常常与这些字词的深意若即若离。而如果忽略了汉字在数千年传承、延绵、孳乳、变异过程中沉淀于后世语言形式里的传统文化意义,就会冷淡了中华文化的特性,很可能语言/概念发生"漂移"现象,不得已时只好乞灵于异质文化,从而难以形成阐述中华文化的中国话语体系。

"结晶体"这样一个形象而很有意趣的比况,更会引发读者的遐想:在这个"结晶体"里面,有着丰富多样的微观世界,中国文化的种种现象和思想都在有序地存在着、排列着。由此可以想见,《汉字中国》的筹划、酝酿、研究,用心良苦矣!我不由得又想到,《汉字中国》的影响所及,可能并不仅限于人文社会科学、哲学领域,即使在构建科学技术伦理、自然语言处理、人机对话、中外语言互译,乃至人工智能等领域,似乎也可以参考一下吧。

话说得远了些,就此搁笔。

忝谓之"序"。

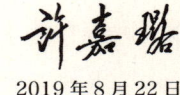

2019 年 8 月 22 日

汉字中国·义

目录

第一章

义：从我，从羊 ················································ 1
一、"义"字溯源 ················································ 1
二、"义"的多种含义 ·········································· 4

第二章

义的开端与发展：先秦时期儒家的义思想 ········ 9
一、孔子：君子喻于义 ······································· 10
二、孟子：义，人路也 ······································· 16
三、荀子：义利两有，以义遂欲 ························ 24

第三章

义思想在两汉时期的体现 ································ 34
一、《史记》中的义思想 ····································· 34
二、董仲舒："正我"之义 ·································· 36

## 第四章

### 魏晋时期：才性的突破 …… 45

- 一、义以无为本 …… 48
- 二、义即畅性情 …… 57
- 三、仁义即自然 …… 71
- 四、义之百态 …… 79

## 第五章

### 隋唐时期：义之重建与落实 …… 85

- 一、天理与道统 …… 89
- 二、德性与政治 …… 107

## 第六章

### 两宋时期的义思想：义通天理 …… 116

- 一、二程：天理之义 …… 120
- 二、朱熹：心性之义 …… 138

## 第七章

### 两宋时期的义思想：义即本心 …… 171

- 一、义即本心 …… 172
- 二、公私与义利 …… 182

## 第八章

### 两宋时期的义思想：义利双行 …… 191

- 一、义：成人之道 …… 191

二、义:成己之道 …………………………………… 203

## 第九章
### 明朝时期的"义"思想 …………………………… 217
一、王阳明:"集义亦只是致良知" ………………… 217
二、王艮:"淮南格物"之义 ………………………… 228
三、李贽:"谋利方可正义"之义 …………………… 233

## 第十章
### 明清之际的"义"思想 …………………………… 240
一、黄宗羲:"义利双行"的义利观 ………………… 240
二、王夫之:"立人之道曰义" ……………………… 247

## 第十一章
### 中国古代"义"思想的现代意义 ………………… 255
一、"义"的范畴的含义 ……………………………… 255
二、"义"思想的现代价值 …………………………… 257

## 参考文献 …………………………………………… 262

# 第一章
# 义：从我，从羊

义是中国传统文化中最重要的概念之一。"义"在夏商周三代的传统政治中非常重要，在政治、伦理思想领域有所建树的墨家、法家等对之也很重视。在春秋战国时期，诸子都标榜自己是道德之学，其中"仁义"并举成为儒家的标志之一，"义"成为儒家最重要的德目之一。追寻"义"字的源流，对于理解中华民族仁义礼智的品格有着重要意义。

## 一、"义"字溯源

"义（義）"字出现很早，最早出现于甲骨文中，甲骨文的写法是羛，小篆写法是義。

甲骨文中"義"字出现时总是伴随着"京"字，"義京"一词在卜辞中多次出现。据考证，"義京"指代地名，为祭祀场所。考虑到商朝政权的特点是祭政合一，"義京"能够多次以地名的方式出现在卜辞中，说明"義京"在商朝有着重要的地位。在卜辞中

"義京"常常是与"羌""宜"等字连用的。"義京"为商朝祭祀、刑杀的宗教场所,随着历史发展,作为宗教场所的"義京"已经不复存在了,但是象征着祭祀、刑杀的名词"義京"却被历史铭记了下来。

对于"义"字的阐释,《说文解字》云:"義,己之威仪也。从我羊。"就其字面之意而言,义是要求人行正路,人只有行正路才有威仪,也才有德,有德才有义。威仪是从"宜"而来的,《礼记·中庸》云:"义者,宜也。"在许慎的解释里,"义"要求从自己出发。

目前,学界对"义"字有三种重要的考释,通过对义字的考释的辨析,可以帮助我们了解义字含义的演变。

第一种解释认为,"義"字本作"宜",而"宜"字本义为"杀",为杀牲(或俘)而祭之礼。"宜"字又由"罪有应得"之意引申为"合适",到战国中后期,表达"适当"之意的"宜"字被"義"字替代。[1]

第二种解释认为,"義"的本字是象形字,指插羽于"我"(一种兵器)上以为美饰之仪仗,后引申为自我仪容之美,即许慎《说文解字》所释"己之威仪"的意思。"儀"字即由"義"字衍生。[2]

第三种解释认为,"義"字从羊从我,"我"之本义为杀割,"羊"作为牺牲代表着神,合起

---

[1] 参见刘贻群编:《庞朴文集》(第一卷),山东大学出版社2005年版,第446-449页。

[2] 刘翔:《中国传统价值观诠释学》,上海三联书店1996年版,第111-114页。

## 第一章
## 义：从我，从羊

来意指"杀割、断绝事物的神定理则和规范"[1]。

其中，第一种解释把"宜"字当成"義"的本字，这可能是南辕北辙的一种考证法；不过通过对先秦儒家"仁义"思想的阐释，从而揭示出"義"具有"杀"的含义。第二种解释顺承东汉许慎以来的主流思路，又对甲骨文、金文中的"義"字做了追溯性的考察，提出的解释对传统见解有所推进。而第三种解释在借鉴前人对相关古文字考释成果的基础上，结合郭店楚简材料，对"我""羊""義""宜"分别做了细致的考释，得出了上述结论。

由于与"義"字之源头相距已远，西汉以来不少学者将"義"中之"我"直接诂释为"自我"。如董仲舒说："义在正我，不在正人，此其法也。夫我无之而求诸人，我有之而诽诸人，人之所不能受也。其理逆矣，何可谓义！义者，谓宜在我者。宜在我者，而后可以称义。故言义者，合我与宜，以为一言。以此操之，义之为言我也，故曰有为而得义者，谓之自得；有为而失义者，谓之自失。人好义者，谓之自好，人不好义者，谓之不自好。以此参之，义，我也，明矣。是义与仁殊。仁谓往，义谓来，仁大远，义大近。爱在人谓之仁；义在我谓之义。仁主人，义主我也。故曰仁者人也，义者我也，此之谓也。"[2]

在此解释基础上，成中英先生认为义是"从我"的"善的价值"，"表明自我度衡人与我的关系和情谊"，"含有知人知物并知如何对待的

---

[1] 参见刘体胜：《先秦儒家的"义"论研究——以〈尚书〉和孔、孟、荀为中心》（博士论文未刊稿），第21—37页。

[2] 〔清〕苏舆：《春秋繁露义证》，中华书局1992年版，第253—254页。

自觉",是"合适及合宜的认知"。[1] 这反映了先秦到两汉"义"概念的演变。

## 二、"义"的多种含义

中国早期语言以言简义丰著称,在先秦文献中,一个字常常有很多用法、很多含义。"義"字就是这样一个典型,而且其含义随着思想发展、时代变化而不断演变、扩充。

在目前可见的先秦文献中,书写年代最早的殷商卜辞里已出现"义"字。经刘起釪先生考证,《商书高宗肜日》是流传至今的商代文献,虽然在流传过程中其底本受西周时期语言的影响而有少许文辞上的变化。[2] 该篇有两句话非常引人注目:"惟天监下民,典厥义。降年有永有不永,非天夭民,民中绝命。"这两句包含两个层面的意思:一是天(帝)主宰着义(则),二是义决定民之命的永久与否,即义有断绝事物之能。

据西周初年的文献《周书·康诰》记载,周公告诫康叔说"非汝封刑人杀人,无或刑人杀人……用其义刑义杀,勿庸以次汝封"。意思是说统治者不可以随意地刑罚人、杀人,刑杀(之义)的标准是由天(神)制定的。

在其后的先秦文献中,义作为断绝事物的理则,作为刑杀之依据,作为抑恶之禁令的含

---

[1] 成中英:《儒学与现代化的整合:探源与重建》,载《国际儒学研究》(第二辑),中国社会科学出版社1996年版,第101-102页。

[2] 刘起釪:《尚书学史》,中华书局1989年版,第476-478页。

义仍时有展现。如《左传·隐公元年》载言"多行不义,必自毙"。如孔子说小人"不耻不仁,不畏不义",(《周易·系辞下》)说君子"尊仁畏义""忠而不犯"。(《礼记·表记》)如孟子曰:"人能充无穿逾之心,而义不可胜用也。"(《尽心下》)如《荀子·强国》云:"凡奸人之所以起者,以上之不贵义,不敬义也。夫义者,所以限禁人之为恶与奸者也。"如《礼记·经解》云:"除去天地之害谓之义。"如庄子感叹道之"齑万物而不为义,泽及万世而不为仁"。(《庄子·大宗师》)直至东汉时的重要儒家文献《白虎通》还有如此诠释:"义者,断决,西方亦金,杀成万物也。"

除了上述以原始面目出现的义之外,在春秋战国的文献中,大量出现的义则指向一般或各种具体的政治、伦理、社会规范。如《论语》中的"义"大多指后世儒家所说的"道义",指向一般的、抽象的社会规范。子曰:"君子喻于义,小人喻于利。"(《里仁》)子曰:"不义而富且贵,于我如浮云。"(《述而》)子曰:"主忠信,徙义,崇德也。"(《颜渊》)子曰:"上好礼,则民莫敢不敬;上好义,则民莫敢不服;上好信,则民莫敢不用情。"(《子路》)俱是此类。

《论语》中的"义"偶尔也指具体领域的规范。子曰:"务民之义,敬鬼神而远之,可谓知矣。"(《雍也》)此指宗教祭祀或相关政治事务之义。孔子在评价子产时说,"其使民也义",特指役使人民(兵役、劳役等)应当不违农时,不误农事的公义理则。(《公冶长》)之后《孟子》《荀子》等儒家文献以及墨家、法家、杂家的文献中使用的"义",同样可以找到一般的(理则)与具体的(规则)两种用法。《荀子·强国》云:"夫义者,内节于人而外节于万物者也。"其"义"指贯通于人伦乃至一切事物关系中的秩序性规范。

总之,义之所指从具有神圣性、正当性意味的,与刑罚、征伐、统治权力(转移)等有关的政治领域的理则,扩展到支配整个人类社会乃至宇宙的规范、律则。

义既是一种规范,也是一种美德。在《论语》中,义已经与仁、智、勇等一样,被视为一种德行。从孟子开始,义的地位进一步上升,"仁义"并举成为儒家道德的代称。孟子曰:"恻隐之心,仁之端也;羞恶之心,义之端也;辞让之心,礼之端也;是非之心,智之端也。"(《公孙丑上》)就是从道德情感的角度来界定仁、义、礼、智的。《荀子》以推崇礼义而闻名,在他那里,义真正成为美德之首。与孟子将恻隐之心置于美德之原始地位不同,在荀子那里,不是自然的情感而是礼义的内化才是美德的逻辑起点。

战国以来,义有时被诂释为"宜",如《中庸》云"义者宜也,尊贤为大",如郭店楚简《语丛三》亦云"义,宜也"。"宜"指向一种能在具体情境中做出道德判断,采取适当行动的实践智慧;它决定着在特殊情况下礼数是否可以背离以及在新的条件下礼则是否可以变更。如此理解的义是语境性的,作为一种价值判断能力的义可以在具体语境中做出合宜性判断与采取适当的行动。例如,孔子一方面认为伯夷、叔齐不食周粟是行其义,另一方面却又给武王很高的评价。

如此理解的义是个体性的，在相同语境中个体根据各自的理智可能做出不同的合宜性判断。例如，关于"告朔之饩羊"，孔子的态度就与子贡不同："尔爱其羊，我爱其礼！"（《论语·八佾》）

从先秦文献中义字的各种用法可以发现义的多种性质："正""宜"表示义之普遍性和实践性特征，"理""则"体现了义的道理性、律令性特征。韩愈在《原道》中说："仁与义为定名，道与德为虚位。"在这个意义上，"义"有时指一种美德，有时则指一切美德。如《礼记·礼运》云："何谓人义？父慈，子孝，兄良，弟悌，夫义，妇听，长惠，幼顺，君仁，臣忠十者，谓人之义。"

从中可以看出，"义"既可以代表所有基本的伦理价值，还可以单用于指称丈夫应具有的美德。有学者指出：东汉之后，义学（关于义的研究思考）衰落。不过唐宋以来，义观念在民间有所发展：第一，义的应用范围主要还是非血缘关系，但宗族生活已经成为义的重要领域。第二，义的价值观从强调遵从道理转向重视救济他人。第三，"义行"带有很强的民间性格，政府公务很少使用"义"字。总的看来，一方面义的政府（政治）性质减弱，民间性质增强，另一方面义的公益、福利色彩增强。[1]这种变化可能与唐宋以来中国民间社会的发育、壮大有关。

综上所述，最初，义是作为断绝事物的理则，作为刑杀之依据。其后，在春秋战国的文献中，大量出现的义则指向一般或各种具体的

1 / 陈弱水：《公共意识与中国文化》，新星出版社2006年版，第186–196页。

政治、伦理、社会规范。总之,义的内涵从具有神圣性、正当性意味的,与刑罚、征伐、统治权力(转移)等有关的政治领域的理则,扩展到支配整个人类社会乃至宇宙的规范、律则。

除此之外,义作为一种美德、一种德行出现在儒家的思想之中。作为美德的义,它是个体施于自我、他人的"合当如此";它是端正自我的准则,要求注重自我道德、人格的修养;而且它指的是理想人格和价值标准。

自战国以来,义有时被解释为"宜",它指向一种能在具体情境中做出道德判断,采取适当行动的实践智慧。自唐宋以来,义的观念又有了新的发展。

第二章

# 义的开端与发展：先秦时期儒家的义思想

先秦儒家，祖述尧舜，宪章文武。孔子将西周的"义"观念加以改造，构建出了一个以"义利之辨"为中心，以修己、治民为主要方向的道德规范。孔子之后，孟子和荀子继承和发展了孔子的义观念，分别从内、外两方面深化了孔子的义观念。

在儒家那里，强调爱有差等，家庭（家族）与国家（政治）是士君子实践活动的两个不同场域。到春秋晚期，前者已被视为"私"域，后者已被视为"公"域，二者的界限逐渐分明起来。于是，家、仁、私成为一组对应的范畴，而国、义、公成为一组对应的范畴。

由于仁义的分野，儒家必须处理好仁义冲突的难题。在儒家看来，公域的秩序主要得由体现道义的政治、法律来维持，而不能由仁爱来维持。因此，公私之辨、义利之辨成为儒家关注的重点。

# 一、孔子：君子喻于义

孔子名丘，字仲尼。根据《史记》的记载，孔子生于周灵王二十一年（前551），卒于周敬王四十一年（前479）。

所谓"义"，在《论语》中主要指"正当"或者"道理"。有时由于语境的不同，可以解释为"公正""责任"之意。下面具体解释一下"义"在孔子思想中的不同面向。

## （一）义的内涵：修己，务民

孔子曰："义者，宜也，尊贤为大。"冯友兰认为，孔子的"义是事之'宜'，即'应该'，它是绝对的命令"[1]。"绝对命令"是康德哲学中的核心概念，指代最高道德原则，是一种内在道德律令，不是外在强加的，是自我立法。冯先生把义看作"绝对的命令"，意在说明"义"是自我裁决、自我判断的内在道德律令。然而，义仅仅只是内在道德律令，这一点有待商榷。《论语》一书，直接提到的"义"字共24处，涉及个人修养、治国安邦、明理达道等各方面。概括来看，可以将孔子之义划分为：修己之义与务民之义。

### 1. 修己之义：约束性与灵活性的统一

在修己方面，孔子主张"义以为上"，以"义"为行事准则。"信近于义，言可复也。"（《学而》）可以看出，孔子认为君子品格是以义

---

[1] 冯友兰：《中国哲学简史》，北京大学出版社1996年版，第37页。

为本质的。

但他同时又强调:"君子之于天下也,无适也,无莫也,义之与比。"[1]朱熹将"无适"和"无莫"理解为没有专主,没有不肯的,这句话的含义即指君子对于天下的事情,没有一定专主的,也没有一定要反对的,只要是合于道义即可。

孔子以义为上,这是否意味着此"义"便是孔子的终极追求了呢?显然不是,在孔子看来,"义"是通达道、实现自我的途径。子曰:"隐居以求其志,行义以达其道。"(《季氏》)"若伊尹耕莘,而乐尧舜之道,及汤三聘而行其君臣之义,以达其所守之道者也。"[2]在孔子看来,无义难以达道,不达道则不能说是"修己"过程的圆满。

综上所述,可以看出孔子的修己之义,一方面包含了一种内在道德律令,虽说是自愿而为之,但其实具有一种潜在的道德约束力。另一方面暗含了一种权变思想,因时而变,适时而变。约束性与灵活性同时具备,两者兼顾才能说是孔子修己之义的真谛。

### 2. 务民之义:富民、教民

"子适卫,冉有仆。子曰:'庶矣哉!'冉有曰:'既庶矣,又何加焉?'曰:'富之。'曰:'既富矣,又何加焉?'曰:'教之。'"(《子路》)从这段话中,可以看出,孔子谙熟务民之道,务民重在"富之""教之"。

"富之"就是要使民众富裕,获得利益。百

---

[1] [宋]朱熹:《四书章句集注》,中华书局1983年版,第71页。

[2] [清]刘宝楠:《论语正义》,中华书局1990年版,第665页。

姓是否富足决定了统治是否稳定。孔子对此提出了"因民之所利而利之"(《尧曰》)的观点,即看到人民可以在哪方面得利,便诱导他们去得利。这个观点是孔子惠民富民思想的核心,引导民众开源,寻找利益的增长点,是致富的长久之道。除了开源,孔子也很注重节流。"道千乘之国,敬事而信,节用而爱人,使民以时。"(《学而》)孔子提倡治理千乘之国,要懂得节约费用并爱护人民,要根据农时来使用民力。

务民之义的另一层内涵就是"教之"。关于"教"的问题,用"义"役使百姓的典型人物是子产,"子谓子产:'有君子之道四焉:其行己也恭,其事上也敬,其养民也惠,其使民也义。'"。(《公冶长》)孔子说子产有四个方面做得非常出色,其中最重要的一点便是他"使民以义",懂得用"义"治民。

在政治教化上,孔子强调以德化民,"德"是一个抽象概念,对于普通民众而言,具有模糊性,而其具体落实就是以礼化民。子曰:"上好礼,则民易使也。"(《宪问》)"上好礼,则民莫敢不敬。"(《子路》)孔子的言外之意,是希望统治者能够以身作则,为民众树立典范,引领民众尊崇礼仪。当这种尊礼意识上升为社会的集体意识时,"礼"便成了人们的立身之基,人人都会去依礼行事。孔子曰:"恭而无礼则劳,慎而无礼则葸,勇而无礼则乱,直而无礼则绞。"(《泰伯》)由此可以看出孔子对礼的尊崇,在群居社会中,礼演变为人们的立身之本,无礼则无法立于群居社会。可见,孔子的教民之义,教的是道德,是礼仪。

## (二) 见利思义: 君子人格至上的义利观

谈及孔子之义, 必要谈利。孔子曰:"君子喻于义, 小人喻于利。"(《里仁》) 有的学者认为这句话是按义、利把社会人群做伦理二分的最早论述。为了厘清此话的具体内涵, 需要对此话进行一番考释。这句话的三个关键点是"君子""小人""喻", 对于君子、小人的解释, 一种解释认为, 此处的君子、小人是以位而言, 即君子指有官职者, 小人指庶民, 持这种观点的有俞樾、董仲舒、程树德等。然而就现代诠释来看, "君子喻于义, 小人喻于利"这句话的"君子"与"小人"更多的是指道德层面上的不同。在这个语境之中, 假如君子、小人是指位上的不同, 那么这句话的含义就是"(只有)统治者(君子)知晓义, 而平民百姓(小人)只知晓利", 这种观念显然是在维护、赞美当时的君卿大夫, 而贬低民众。笔者以为这完全不符合孔子真正的思想理念, 孔子最得意的弟子颜渊一生未做官, 一介平民, 但在德行上却备受孔子推崇。由此看出, 能够知晓义德的并非仅仅是有身份地位的统治者, 平民百姓中也有仁义之士。"喻", 一般释作"晓也"。"为……而勤劳"或者"超越"的解释很有新意, 也是有理有据, 给学者提供了一个崭新的思路。但是, 在思量这句话的具体内涵时, 笔者认为仍然不能脱离孔子最基本的义利观, 从孔子整体义利观的角度看来, "君子知晓义, 小人知晓利"的解释最为恰当。

在孔子看来, 义与利并不是完全对立的, 而是既对立又统一。

君子知晓义，但不能仅仅凭"义"而生活，也需要基本的物质生活材料，这正是利的一方面体现。其实，孔子对"利"的态度，并不是仅仅局限于基本生活消费水平，孔子也主张实现大富大贵，"富而可求也，虽执鞭之士，吾亦为之"。(《述而》)执鞭之士本是贱职，处于社会最底层，被他人看不起，但在孔子看来，如果能够通过这份职业取得财富，孔子也甘愿为之，由此可以看出孔子对于财富持积极的态度。人们对儒家的印象往往是志于道，安于贫，其实不然，孔子并不是那种固守贫困之人，"邦有道，贫且贱焉，耻也"。(《泰伯》)孔子认为，如果国家有道，社会安定，却仍然贫困潦倒，这是一件可耻的事情，可见安于贫困并不是孔子推崇的，孔子推崇的是当道义和利益处于针锋相对的态势中时，君子为道义而舍利安贫的精神，而不是贫困本身。对此，孔子多次反复陈述自己的思想，如："富与贵，是人之所欲也；不以其道得之，不处也。贫与贱，是人之所恶也；不以其道得之，不去也。"(《里仁》)求富贵，恶贫贱，是人之常情，但是获得富贵的手段、方法一定要符合道义，要通过正常的管道，即君子要取财有道，不合法、不合义的生财之道，是可耻的。所以，孔子说："不义而富且贵，于我如浮云。"(《述而》)在富、贵、利与义的抉择中，孔子主张以义制利，认为义是裁决利是否合理的尺度，合理之利即属于义，不合理之利，就是违背义的。因而，"君子喻于义，小人喻于利"的真正含义是指人在追求财利时应当思义、知晓义、遵守义，用义裁夺是否取利，否则便是小人的行为，唯利是图，不择手段。

子曰："……今之成人者何必然？见利思义，见危授命，久要不忘平生之言，亦可以为成人矣。"（《宪问》）"成人"的必备因素是要懂得"见利思义"，即见到有利可图要辨其义与不义，义则取之，不义则舍之。为什么孔子没有说是重义轻利呢？孔子此处的说法颇有深意，前文已知孔子并不是轻视利益之人，相反是非常注重追求利益，实现富贵的，所以孔子没有说重义轻利，而是说"见利思义"。"重义轻利"显然有轻视利益之嫌，而"见利思义"则不然，这里的利与义是较为平等的，意在强调协调好义利关系。如果将孔子的义利观简单地概括一下，我们认为"见利思义"最为确当。当然，还有一点需要注意，孔子虽然不轻视利益，但当义与利进行比较时，孔子还是比较倾向于义的，这是先秦儒家思想的总体趋向。

### （三）见利思义——君子取利的两重内涵

"君子喻于义，小人喻于利"，孔子这一论断从伦理道德层面奠定了义利关系中"义"的优先地位。但是在后世的不断诠释中，义的价值意义越加突出，造成了义利二分，以道德君子自居者对利避之唯恐不及。其实，孔子并非反对取利；更何况正如前文所讲，离开利，义也就无处安放了。孔子的义利观在原理层面，就义的价值优先性而言，孔子强调"君子喻于义"；而在践行功夫上，孔子的主张是"见利思义"。

## 二、孟子：义，人路也

孔子纳仁于礼，重新赋予日渐僵固的礼以生命力，从而将道德生活的根源收归于"自觉心"中。但是对于此"自觉心"是否存在、如何存在，孔子没有给予明确论证。而孟子在此方向上，发展了孔子的思想，关于"义"的思考亦如此。

孟子，名轲，战国邹人，据传他是"受业子思之门人"。孟子的生平大略见于《史记》，学说则存于《孟子》一书中。

### （一）仁义内在：人性之先验存有

"告子曰：'食、色，性也。仁，内也，非外也；义，外也，非内也。'孟子曰：'何以谓仁内义外也？'"（《告子章句上》）

告子主张仁内义外，认为仁是源自内心的自然产物，而义则是由外在因素诱发的，是外在的东西。孟子问他"何为仁内，何为义外"。通过告子所举两例可以看出，在告子看来，仁是内心真实情感的流露，具有主动性，故而属内；而义则是外在的行为规范，往往是由于社会环境或者约定俗成的因素导致的，行为主体具有被动性，故而属外。

告子这种义观念是根源于其人性论的。性乃天生而然的产物，没有后天的价值观念因素，即"性无善无不善也"，（《告子章句上》）性本身没有善恶之分，在后天的环境中，可以为"善"，亦可以为"不善"。基于这种对人性的认知，告子认为但凡不属于人之本性的特征均是外在的,而"义"这种富有价值判断的道德伦理因素,在告子看来则不是人生而有之的,是后天外在环境培养出来的。

孟子对此持不同观点。孟子曰:"恻隐之心,人皆有之;羞恶之心,人皆有之;恭敬之心,人皆有之;是非之心,人皆有之。"(《告子章句上》)在孟子看来,人性是先天存有的,这一点与告子的"生之谓性"相同。

孟子对于人性的论证从"不忍人之心"开始。孟子曰:"人皆有不忍人之心。"(《公孙丑章句上》)孟子强调人天生具有"不忍人之心",此心源自天地,天地有博爱万物的特性,人作为天地间一生灵,必然同样拥有博爱万物之心。正是因为拥有博爱万物之心,所以突然看见孺子要掉入井中,便会心存恻隐、同情,这种感情源自本心,即是自然人性。

孟子曰:"有天爵者,有人爵者。仁义忠信,乐善不倦,此天爵也……"(《告子章句上》)孟子认为仁义忠信是"天爵",源自天,天有仁义忠信,人性乃天生而然,所以,人性之中也必然存有仁义忠信。慈、孝、仁、义等等这些伦理道德乃"理合如此,天使之然",如此看来,也可以论证"恻隐之心"是人性固有之物。对此,冯友兰先生评论说:"孟子因人皆有仁、义、礼、智之四端而言性善。人之所以有此四端,性之所以善,正因为性乃'天之所与者',人之所得于天者,此性善说之形而上的根据也。"[1] 孟子通过

[1] 冯友兰:《中国哲学史》,华东师范大学出版社2000年版,第101页。

对"不忍人之心""恻隐之心"是人性本然的论证，进而推衍到羞恶之心、是非之心和辞让之心。孟子引入的"心"统摄仁义礼智，四端之心人人都有，所以，仁义礼智也是人性固有的。"孟子一再强调仁义礼智根于心，既然仁义礼智根于心，也就证明仁义礼智是'在我者'，而非'在外者'。"[1]

仁义之心是内在的，但是它在不同对象身上表现又不一致，为了解决这一问题，孟子从事实层面展开论证。

一是心之所同然。孟子说："凡同类者，举相似也，何独至于人而疑之？圣人与我同类者。"孟子认为一切同类的事物，一定有相同特性，人与人更是如此，普通人与圣人应该有相同的本性。普通人与圣人的不同体现在哪里呢？孟子曰："口之于味也，有同嗜焉；耳之于声也，有同听焉；目之于色也，有同美焉。至于心，独无所同然乎？心之所同然者何也？谓理也，义也。圣人先得我心之所同然耳。"[2]依据孟子所言，"心之所同然"方面，普通人没有圣人觉悟得早，所以，圣人与普通人的区别就在于是否通晓义理，是否心存义理。

除了先天因素外，人性的发展还受到后天环境的限制、影响。对于"牛山之木"的论述足以证明后天环境对于人性实现的限定性。曾经很茂盛，然而它生长在城郊，经常有人去砍伐，长此以往必然不可能再如昔日那般茂盛。孟子发问："此岂山之性也哉？"(《告子章句

[1] 曾振宇：《思想世界的概念系统》，人民出版社2012年版，第233页。

[2] 参见曾振宇：《思想世界的概念系统》，第241–242页。

上》）由牛山之性联系到人之性，人性中的仁义之所以没有显现出来，在于仁义之心没有得到很好的培养，被后天因素扼杀。在孟子看来，仁义本来是人天生具有的，但由于长期得不到修养，从而导致失去了此心，所以孟子主张"求其本心"。现代新儒家牟宗三对此评论说："现实的人不是神圣的，而此实体的心却必须是神圣的。惟在如何能培养而操存之而使之不放失而呈现耳。"[1]此例意在说明仁义存于人性之中，"操则存，舍则亡"。（《告子章句上》）

综上所述，孟子从三个方面论证仁义内在，即从引"心"入性的角度论述、从事实层面探讨仁义之心为何在不同个体身上会有不同体现，从驳斥告子思想角度论证仁义是属于内在的，非外在的。

## （二）居仁由义：仁义关系

前文已知，仁义根于心，是人性内在固有的伦理道德内涵，但并不意味着仁与义两者完全等同，对于两者的内涵，在《孟子》一书中有所论述。譬如："仁，人之安宅也；义，人之正路也。"（《离娄章句上》）"夫仁，天之尊爵也，人之安宅也。"（《公孙丑章句上》）依据孟子的解释，仁是安宅，天之尊爵；义是路，人之正路。孟子主张仁义内在，仁义同属于人性，但是，仁与义的具体内涵却是不同的，孟子对两者做了区分。

仁是"安宅"，初见于孟子，发端于孔子，是孟子总结孔子思想而提出的。"里仁为美。择

---

[1] 牟宗三:《圆善论》，吉林出版集团2010年版，第28页

不处仁，焉得知？""不仁者不可以久处约，不可以长处乐。仁者安仁，知者利仁。"（《里仁》）孔子这两句话说明了仁的重要性，没有仁则不得安心，不得长久安乐，孟子"仁是安宅"的思想或出于此处。孟子还认为仁乃天之尊爵。这两种观点，朱子解释道："仁、义、礼、智，皆天所与之良贵。而仁者，天地生物之心，得之最先，而兼四统者，所谓元者善之长也。"[1]朱熹认为仁是"天地生物之心"，是"善之长"，是其他诸德的本源所在，所以可以称之为尊爵。对于人而言，仁则是"全德"，是天理，人心存有天理便有可以寄托情感之处。孟子将"仁"的地位提到了天爵的高度，这一点似乎与孔子将仁提升到居于诸德目之上的上位概念有相似之处。但是孟子的独到之处在于从人性论的角度论证了仁义是人性本然之物，源于天。孟子这一系列的论证，从形而上学的角度解决了"仁何以为安宅"的问题，仁是人性固有之物，人心思仁是天性使然，所以"仁，人之安宅也"的观点是有据可循的。而在孔子那里，并没有从形而上的角度论证仁存在的正当性，这正是孟子对孔子仁思想的发展之处。对于义，孟子认为义是"正路"。朱熹《孟子集注》曰："义者行事之宜，谓之人路，则可以见其为出入往来必由之路，而不可须臾舍矣。"义根源于人之所以为人的道德本心，发于本心，行所当行之事。所以朱熹说："义者，宜也，乃天理之当行。"

仁为安宅，义为正路。仁与义的关系是什

---

[1] [宋]朱熹:《四书章句集注》，中华书局1983年版，第239页。

么呢？对此，朱熹认为，"义者，仁之断制"[1]。仁心转化为"仁之事"需要义的决断。仁，是义得以实施的基础；义是仁得以实践、扩充的方法。仁是本，由仁心阐发而出，用义来践履。"居恶在？仁是也；路恶在？义是也。居仁由义，大人之事备矣。"(《尽心章句上》)朱熹《孟子集注》曰："所居所由，无不在于仁义。"那么居于仁、行于义的具体表现是什么呢？在具体人伦情境中，仁与义指向的内涵不同，譬如孟子曰："仁之于父子也，义之于君臣也。"(《尽心章句上》)这里的仁指向父子关系，义指向君臣关系。从而引出了父慈子孝，君待臣以义、臣侍君以忠的道德伦理。孟子又曰："仁之实，事亲是也；义之实，从兄是也。"(《尽心章句上》)这里的仁指向父母子女关系，义则指向兄弟姐妹关系。对此，朱熹《孟子集注》曰："仁主于爱，而爱莫切于事亲；义主于敬，而敬莫先于从兄。"(《离娄章句上》)事亲、敬兄均是仁与义最直接、最真实、最质朴的体现。所以，孟子认为居仁由义的具体内涵之一便是"事亲""敬长"。但孟子的眼光并不局限于此，孟子曰："老吾老，以及人之老；幼吾幼，以及人之幼，天下可运于掌。"(《梁惠王章句上》)"君子之于物也，爱之而弗仁；于民也，仁之而弗亲。亲亲而仁民，仁民而爱物。"(《尽心章句上》)孟子主张把事亲、敬长的情感推广至天下之人，尊敬自己家里的长辈，从而推广至尊敬别人家里的长辈；爱护自家儿女，从而推广至爱护别人家的儿女。这种以己爱，推广至他爱，正是孟子"亲亲而仁民，

[1] [宋]朱熹：《朱子语类》，中华书局1994年版，第105页。

仁民而爱物"境界的体现。亲亲、敬长是人人都有的真实、自然的情感，人只要扩充这两种情感，就可以遍爱万物，使天下太平。扩充亲亲、敬长的自然情感，仁者之爱才能走出"亲亲"的限制，从而达到仁民、爱物、遍爱天下的境界。

## （三）重义轻利观

孟子的义利观略不同于孔子，孔子主张"见利思义"，而孟子的义利观集中体现在他的政治思想上，孟子重义轻利，反对以利害义。但是在孟子思想中，义利的内涵是丰富的，孟子所言的"利"有大利与小利之分。大利指的是社稷大厦的稳固、道德伦常的传续乃至天下黎民的幸福，而小利则是指君王一己之利、部分特权阶层之利等。孟子主张的乃是一种以图大利为目的的"重义轻利"观。

"叟！不远千里而来，亦将有以利吾国乎？"孟子对曰："王何必曰利？亦有仁义而已矣。"（《梁惠王章句上》）孟子见到梁惠王时，梁惠王问孟子能给自己的国家带来哪些利益、好处？对此，孟子明确提出"何必曰利，亦有仁义"的主张。仁义的概念在《孟子》一书开篇，其意义不容忽视，赵岐《孟子注》云："治国之道明，当以仁义为名……故以建篇立始也。"焦循《正义》又云："《孟子》七篇，主明仁义，以此立首也。"对于为什么不谈利，只谈仁义，孟子又进行了详细的解释。"王曰：'何以利吾国？'大夫曰：'何以利吾家？'士庶人曰：'何以利吾身？'上下交征利而国危矣。……苟为后义而先利，不夺不餍。"（《梁惠王章句上》)孟子认为如果国君总是考虑如何获得利益,那么大夫、卿士、平民百姓都会争相逐利,社稷大厦便会有倾覆的危险,孟子意在说明君主图利的害处。为了论证的完整性,孟子又言施行仁义的好处——仁者无敌。"今王发政施仁,使天下仕者皆欲立于王之朝,耕者皆欲耕于王之野,商贾皆欲藏于王之市,行旅皆欲出于王之涂,天下之欲疾其君者皆欲赴愬于王。"(《梁惠王章句上》)孟子的言外之意是,如果君王推行仁义,那么天下的公卿大夫、良才异人乃至平民百姓都会来投奔齐国,君主有了这些各阶层的人才,何愁不能称王天下?从孟子与梁惠王的对话中,我们可以看出孟子之所以提倡仁义,是因为仁义是保障政治稳定的根基,是实现"王天下"的根本手段。

孟子认为百姓之利属于大利,这一点义利观中体现为"以民之利为利"。孟子曰:"不违农时,谷不可胜食也;数罟不入洿池,鱼鳖不可胜食也;斧斤以时入山林,材木不可胜用也。""是故明君制民之产,必使仰足以事父母,俯足以畜妻子,乐岁终身饱,凶年免于死亡。"(《梁惠王章句上》)孟子认为这种百姓之"利"是值得肯定的,是义之所在,可见孟子的"重义轻利"思想并不纯粹是不顾及利的因素,而是为了舍小利,图大利。

重义轻利,是否真能获取大利?从客观角度来看,孟子的义利观带有一种理想色彩。孟子谈为政,多方面强调推行仁政,不违农时,制民之产,但是对于军备、国家财政这方面的论述却显得空洞。

"城郭不完,兵甲不多,非国之灾也;田野不辟,货财不聚,非国之害也。上无礼,下无学,贼民兴,丧无日矣。"(《离娄章句上》)

《孟子》一书之所以全篇都在强调义的重要性,重义轻利,是因为当时诸侯争雄,战争纷起,各诸侯为利而祸害百姓,烽烟四起。孟子带着批判现实的眼光审视那个时代,试图以仁义救百姓于水火之中,当然在利益的冲突之下,人们内心仅存的仁义显得尤为渺小,故而,孟子痛恨以利益充塞于"仁义"的现实,提出"重义轻利"的义利观。

## 三、荀子:义利两有,以义遂欲

孔子强调正名定分,强调君君、臣臣、父父、子子。但是当君不君时,政权是否应该转移,如何转移,荀子主要沿这条思路提出"礼"的思想。荀子重视礼治,其言义多兼及礼。

荀子,名况,字卿,战国末年赵国人,曾为齐国稷下学官。在义的实践方面,荀子以循理为要旨;在义利之辨方面,他主张义利两有,以义遂欲。荀子的生平大略见于《史记》,学说则存于《荀子》一书中。

### (一)义者循理

荀子曰:"义,理也,故行。"(《大略》)又曰:"义者循理。"(《议兵》)依据荀子所言,他所理解的"义"既是理,更是"循理"。从行事原则角度而言,义是理,是所要遵循的原则。另一方面,从事实效果而言,义是依理而行,没有实际行动的理不可以称为义。荀子说"遂理而不敢,不成义",王先谦注:"虽得其理,而不敢行则不成义。"(《大略》)这两种解释,荀子都是从"理"的角度诠释义的内涵,那么这种能够让人坚刚不屈的"理"的具体内涵又是什么呢?

"仁有里,义有门。仁非其里而虚之,非礼也。义非其门而由之,非义也。"荀子认为仁与义都需要通过礼外显出来,行义需要遵循礼,礼是节制仁义外发的准则,这与荀子认为的行义之"理"是一致的。所以,荀子认为的"理"便是"礼"。"贵贵、尊尊、贤贤、老老、长长,义之伦也。"又曰:"礼也者,贵者敬焉,老者孝焉,长者弟焉,幼者慈焉,贱者惠焉。"(《大略》)"礼者,贵贱有等,长幼有差。"(《富国》)这几句话的"义之伦""礼也者""礼者"可以互训,义之伦即义之理,理即礼。以礼训义的现象不光在《荀子》中有所体现,在《礼记》中亦有,"礼也者,义之实也"。礼是义之实,义之实即义之理,由此推之,理即礼。依据以上的论证,可以得出以下结论:义 = 理 = 礼。在荀子看来,义、理、礼三者可以互训。

以理释义,以礼释义,礼义联用,在《荀子》一书中"礼义"共见115次,这是荀子与孔孟思想不同的特点。荀子为何如此推崇礼义?这与荀子的人性论有着莫大的关联。

荀子曰:"今人之性,生而有好利焉,顺是,故争夺生而辞让亡焉；生而有疾恶焉，顺是，故残贼生而忠信亡焉；生而有耳目之欲，有好声色焉，顺是，故淫乱生而礼义文理亡焉。然则从人之性，顺人之情，必出于争夺，合于犯分乱理而归于暴。"（《性恶》）荀子认为人性天生具有好利、疾恶、好声色的恶习，如果顺性而为则必然会导致混乱，故而，荀子提出逆性思想，反对顺人性而为。荀子的这种逆性思想正是其推崇礼义的根源所在，礼义是一种规范，是对人性之恶的约束与矫正，即逆性而为，荀子之所以重礼乃是出于对人性之恶的深刻认知。

在荀子的思想中，人性天生是恶的，那么人性中的善是什么呢？对此，荀子认为人性中的善源于"伪"，"人之性恶，其善者伪也"。（《性恶》）王先谦释之："伪，为也，矫也，矫其本性也。凡非天性而人作为之者，皆谓之伪。"）人性天生是恶的，善是后天矫枉的结果。在荀子思想中有着明显的性、伪之分，性与伪是不同的，性是天生而然，伪是后天因素使然，以后天之"伪"矫正先天之"性"，即荀子提出的"化性起伪"。礼义是属于"伪"的范畴，《荀子·性恶》曰："故陶人埏埴而为器，然则器生于工人之伪，非故生于人之性也。故工人斫木而成器，然则器生于工人之伪，非故生于人之性也。"礼义原本不是人性中固有的产物，而是产生于圣人矫伪抑制，正如陶器出于陶人之手，出于工人之手，并不是陶人、工人天生就会，而是陶人、工人学而为之的，可以通过学习、通过努力而获得的均属于"伪"的范畴。既然礼与义出于"圣人之伪"，圣人又是出于何种原因创造了礼义呢？荀子对于礼的起源有一番详细的论述,"……先王恶其乱也,故制礼义以分之,以养人之欲,给人之求。使欲必不穷乎物,物必不屈于欲,两者相持而长,是礼之所起也"。(《礼论》)荀子认为每个人生来就有欲望,欲望得不到满足,便会有所追求,如果追求的过程中没有任何限制便会导致混乱,为了防止混乱的出现,就必须制定礼义,这便是礼义产生的根源所在。礼义是为了协调人之欲与物的矛盾关系而产生的,是维持群体生活秩序化的一种方法。荀子的这个观点与孟子仁义礼智属于人性内在固有的思想是相反的,礼、义在荀子这里表现为外在的价值,是逆人性而为的道德性规范。杨国荣先生说:"道德本质上具有二重性:它既有功利的基础及外在价值(作为手段的善),又有其超越功利的内在价值。"[1] 荀子的礼义便属于一种"作为手段的善",表现出更多的工具性,是协调各种关系的手段。

那么这种工具性主要表现在哪些方面呢?通读《荀子》一书,可以发现主要体现在修己与为政两个方面。

其一,修己。"……血气、志意、知虑,由礼则治通,不由礼则悖乱提僈;食欲、衣服、居处、动静,由礼则和节,不由礼则触陷生疾;容貌、态度、进退、趋行,由礼则雅,不由礼则夷固僻违,庸众而野。"(《修身》)从个体修身的角度而言,礼义是修身养性的良方,它规定和范导着人的行为的方方面面,调节着人与人、人与社会的关系。不仅如此,在"治气养心"

---

[1] 杨国荣:《善的历程》,上海人民出版社2006年版,第87页。

方面，也是一剂良药。荀子曰："凡治气养心之术，莫径由礼。"（《修身》）荀子认为治气养心没有比遵循礼义更为便捷的道路了，可见礼义对于个体而言，有着修养身心的作用，是个体立足于社会的基本。

其二，为政。"礼义者，治之始也。"（《王制》）治国的第一要务便是明礼义，礼义是明确分工、安定社会的手段。"力不若牛，走不若马，而牛马为用，何也？曰：人能群，彼不能群也。人何以能群？曰：分。分何以能行？曰：义。故义以分则和，和则一，一则多力，多力则强，强则胜物，故宫室可得而居也。故序四时，裁万物，兼利天下，无它故焉，得之分义也。"（《王制》）人能够和谐地相处，因为人懂得有所分工；分的原则在于义，有了"义"的裁断才能和谐，团结一致才会强大。荀子所言的"分义"即"礼义"，人懂得"礼义"，才能够实现群体生活的秩序化，无规矩不成方圆，有了礼义，人们各安其位，社会才会安定有序，为政治国应始于明礼义。礼义的功效还不止如此，它还是协调个人与社会、君主与臣民关系的润滑剂。"夫义者，内节于人而外节于万物者也，上安于主而下调于民者也。内外上下节者，义之情也。"（《强国》）节，适当，适度；情，本质，实情，这里可以解释为作用，"义"的作用是调节个体内在欲求，处理同他人、社会的关系，对上使君主安心，对下使民众和谐相处，使得人们都各安其位，各适其位。

具体而言，荀子推崇的为政之礼不仅仅是处理个体与他人、民众与君主之间的关系,还关乎国家大计的财政、军事等方面。

## 1. 礼义与军事

通读《荀子·议兵》,可发现荀子在军事方面的见解有如下两点值得思考:其一,战争的性质。荀子主张"仁义之兵"。荀子认为带兵打仗要以仁义为本,仁者的基本要求是爱人,义者的基本要求是依循礼节而行,战争的实质应是为了仁义禁暴除害,彰显正义,而不应该是为了争夺,这种军队被誉为"仁义之兵"。仁义之兵所到之处,百姓顺服,无不从化。其对于战争的看法是反对不义之战,行仁义之兵。而仁义之兵则是为了恢复正常秩序,除暴安良,保护百姓而进行战争,为礼义而战,则必定受百姓欢迎,易于取胜,反之则会失败。所以,荀子说:"礼者,治辨之极也,强国之本也,威行之道也,功名之总也。"(《议兵》)其二,战争取胜的必备要素。荀子认为战争取胜的关键是隆礼爱民。"上不隆礼则兵弱,上不爱民则兵弱……"(《天论》)"……隆礼效功,上也;重禄贵节,次也;上功贱节,下也;是强弱之凡也。……爱民者强,不爱民者弱……"(《议兵》)隆礼效功、好士爱民、不失民心,这些都是战争得以取胜的关键性要素,统治者要做到这些方面无一不需要礼义,都需要统治者以礼待民,以义使民,礼义是取得民心的关键。除此之外,荀子还认为礼义在军队中意味着军纪严明。"闻鼓声而进,闻金声而退,顺命为上,有功次之;令不进而进,犹令不退而退也,其罪惟均。"(《议兵》)这些都是军队作战时的纪律与职责,是礼义在特殊场合的具体体现。

## 2. 礼义与理财

在理财方面，荀子提出了"节用裕民"的思想。"足国之道，节用裕民而善臧其余。节用以礼，裕民以政。……必有仁义圣良之名，而且有富厚丘山之积矣。"（《富国》）在为政方面，荀子认为应当具有"节用"思想，而且尤其强调"以礼节用"，认为礼是决定财政开支与否以及财政开支多少的标准。《荀子集解》解释道："以礼，谓用不过度"，又曰："以礼节用，谓不妄耗费也。"（《富国》）礼具有节制消费的作用，使之既不太多，也不过少，适度即可。这就牵涉到理财的问题，依荀子所言，懂得如何理财，把握用财之度，是致富兴国的关键所在。不仅如此，荀子还充分肯定了人的价值，他认为"天有其时，地有其财，人有其治，夫是之谓能参"，（《天论》）即人能够制天时地财而用之，具有开发财源、管理财产的能力。对于如何发挥这些才能，荀子认为应该用"礼"节用，符合礼则是得当，不符合则是失当。

综合而言，礼义对于个体、社会而言都是至关重要的。所以，荀子说："故人无礼则不生，事无礼则不成，国家无礼则不宁。"人无"礼"则连举止行为、言语表达都不能得体，在社会上还有什么立足之地呢？处理事情不依循相应的礼节，那么事情能够办成的可能性很小；国家没有礼节便无法安定百姓，本固邦宁。荀子由个体的角度推演到人事，再由人事推演到国家，从个体无礼不得以修身、不修身不得以立足于社会联系到人事不循礼不得成功、国家无礼将会不得太平，这一连串的论证意在说明礼义的重要性。

从以上对荀子之"义"的解析可以看出,荀子之"义"已经由抽象含义转向具体化的内容。在个体方面细化到行为举止、治气养心,在社会方面关涉到军事、财政等等,荀子的义观念已经由内在价值转向外在价值,更加富有现实意义。

## (二)利不克义:义利合一的义利观

荀子在继承孟子义利观的同时,又有了新的认识。荀子与孟子的义利观都有重视道义、轻视利益的倾向,但是两者对待利欲的态度是不同的。孟子主张寡欲,而荀子则主张养欲。孟子说:"养心莫善于寡欲。"(《尽心章句下》)孟子认为修养心性的方法最好是减少物质欲望。"体有贵贱,有小大。无以小害大,无以贱害贵。养其小者为小人,养其大者为大人。"(《告子章句上》)孟子把耳目之欲视为小体,与大体之"义"相较而言属于次要地位,并且认为小体之欲的存在会妨碍大体之"义"的扩充与完善。据孟子所言,可以看出他认为欲与义、小体与大体之间是一种此消彼长的关系。

荀子的思路与此却大不相同。"义与利者,人之所两有也。"(《大略》)荀子首先承认义与利都是人之所具备的,两者是并存的,寡欲去利是不可能的,"欲不可去,性之具也"。(《正名》)荀子承认欲乃天生而然,不可寡,不可去。基于这个前提,荀子提出:"虽尧、舜不能去民之欲利,然而能使其欲利不克其好义也。

虽桀、纣不能去民之好义，然而能使其好义不胜其欲利也。故义胜利者为治世，利克义者为乱世。"(《大略》)即使是尧舜也不能完全去掉人的欲利之心，只能让人们贪利的欲望不超越他们对仁义的喜好；即使是桀纣也不能去掉百姓喜好仁义的想法，只是让百姓的好义之心无法超越他们贪图利益的欲望。利、欲皆是人之本性，不可寡，不可去，荀子认为对待义利关系方面只要做到"利不克义"即可，而养欲、治欲之术即是协调义利关系、实现"利不克义"之境界的最佳途径。

《荀子·正名》中说："凡语治而待去欲者，无以道欲而困于有欲者也。凡语治而待寡欲者，无以节欲而困于多欲者也。"针对这段话，王先谦解释说："若待人之寡欲然后治之，则是无节欲之术，而反为多欲者所困。故能导欲则欲自去矣，能节欲则欲自寡矣。"荀子明确提出了"导欲"之术，即养欲、治欲的方法，在荀子看来，欲的多寡不是评判义与非义、善与非善的标准。荀子甚为重视养欲、治欲，反对寡欲的观点于此可见一斑。

荀子阐述"养欲说"意在说明义与利不仅不是对立的，更是可以合一的。这种观点与其人性论有关，荀子认为："性者，本始材朴也；伪者，文理隆盛也。无性则伪之无所加，无伪则性不能自美。性伪合，然后成圣人之名一，天下之功于是就也。"(《礼论》)"性伪合一"的思想由此提出，"性"可以指向欲或利，而伪则指向礼义，性伪合一即指义利合一。在荀子的思想系统里，义与利是不可二分的，利是义的目的，义是利的手段与规定性，有义必然有利,图利更需守义。正如荀子所说"以义制事,则知所利矣",(《君子》)王先谦释之,"以义制事,则利博"。在荀子看来,义与利是同步而行的,有义则利才会长远,有利行义才更有动力,义与利是一种互动的关系。荀子的义利观与孔孟相较而言,更具有现实性、具体性,更能够落实到现实层面。

(三)"养欲说"和利不克义

在荀子看来,欲望是人的本性所在,"义与利者,人之所两有也"。欲望存在是客观的,固然它存在种种弊端,但是也不可能消除,一旦如此则是消除了人的本质。荀子以理性的态度看待欲望,并创造性地提出了"养欲说"。所谓"养欲"即是对人的欲望在肯定的前提下进行合理的满足和引导,欲望存在的客观性并不能因此决定其实现方式的多样性。欲望的合理满足保证了人存在的最低要求;纵欲行为在荀子看来就不再是满足的问题了,它属于引导的范畴。"故知者论道而已矣,小家珍说之所愿皆衰矣。"(《正名》)"道"即是引导,也就是"养欲"。荀子在明确地指出去欲和寡欲的不合理性之后,给出了自己的解决办法。

## 第三章
# 义思想在两汉时期的体现

　　儒家的义思想随着汉代的建立发生了变化，这种变化产生的原因，一方面是由于"罢黜百家，独尊儒术"政策的推行，儒家思想成为汉代治国的基本指导原则；另一方面是由于汉代大一统的实现，变封建为郡县，儒家需要在新的形势下发展其思想。

## 一、《史记》中的义思想

　　从《史记》中许多篇目的主旨上都可以看出司马迁的尚义思想。比如，司马迁在解释"七十列传"的标准时说："扶义俶傥，不令己失时，立功名于天下者，作七十列传。"另外，从司马迁将《伯夷列传》列为列传中的第一篇上又能体现出司马迁的义思想，他说："末世争利，维彼奔义；让国饿死，天下称之，作《伯夷列传》第一。"

　　除此之外，司马迁还在《史记》中详细刻画了许多能弘扬义的小人物。在《田单列传》中，燕国侵入齐国后，以高官厚禄诱惑齐国大臣王蠋，王蠋终不为所动。他说："忠臣不事二君，贞女不更二夫。齐王不听吾谏，故退而耕于野。国既破亡，吾不能存；今又劫之以兵为君将，是助桀为暴也。与其生而无义，固不如烹！"然后从容就义，杀身成仁。司马迁通过对王蠋这些小人物的描写，表现出对于"舍生取义"精神的赞扬。

而且，司马迁不仅仅局限于对"舍生取义"精神的宣扬上，他还对尚义之人的生命归宿和意义进行了反思。在《伯夷列传》中，他写道："或曰：'天道无亲，常与善人。'若伯夷、叔齐，可谓善人者非邪？积仁洁行如此而饿死！且七十子之徒，仲尼独荐颜渊为好学。然回也屡空，糟糠不厌，而卒早夭。天之报施善人，其何如哉？"司马迁对伯夷、叔齐等行仁修义却不得善终，而无道之人却延年益寿的社会现实进行反思，为行仁修义者鸣不平。这种反思丰富了义的内涵，对人们在具体情境中行义的行为给予更深的诠释。

司马迁虽然尚义，在《史记》中大力赞扬尚义之人，弘扬尚义精神，但他并没有把利和义对立起来，对人们正当追逐利益进行了肯定。司马迁说："富者，人之情性，所不学而俱欲者也。"他认为追逐利益是人的情性，不用学习都有这样的欲望。司马迁通过对社会上形形色色人等的分析，指出"天下熙熙，皆为利来；天下攘攘，皆为利往"这种现象的存在。

另外，《货殖列传》集中表现了司马迁关于利的思想。司马迁在肯定社会分工的基础上，抛弃重农抑商的见解，为那些巨商大贾立传，热情歌颂他们杰出的经商才能。《太史公自序》中说："布衣匹夫之人，不害于政，不妨百姓，取与以时，而息财富，智者有采焉。"司马迁认为平民百姓不危害国家政治，不伤害百姓利益，是可以肯定经商行为的。

先秦儒家非常重视义与利的权衡和取舍，他们主张重义轻利、舍生取义，反对重利轻义、见利忘义。比如，孟子说："生亦我所欲也，义亦我所欲也；二者不可得兼，舍生而取义者也。"（《告子上》）之所以这样强调，是因为先秦儒家看到人容易被利诱惑，在利益面前丧失人格，从而造成严重后果。

司马迁在肯定追逐利益是人的本性的同时，他也看到盲目地、一味地追逐利益的巨大危害。他在《史记》中用许多事实揭示出那些一味贪图利益者的下场，给后世图富贵者提供了前车之鉴。比如，《春申君列传》前半部分主要写春申君凭借自己杰出的外交才能，使楚太子脱离险境，表现了他的聪明才智。后半部分则主要写他受门客的唆使，妄想篡夺楚国政权，最后却被李园算计，死于非命。在司马迁看来，利既可以成人，也可以败人。义与利之间关系深刻而微妙，面对利不能不深思、慎取，否则会害己误国，成为后人耻笑的对象。

## 二、董仲舒："正我"之义

董仲舒（前179—前104）的义观念与孔孟荀的义观念有所

不同，他以天道思想为依据，从人我的角度阐述仁、义的内涵，而对待义利关系方面坚持义利统一的观点。

(一) 义：顺天道而行

董仲舒在论述仁义的时候，引入了天道思想。

"为人者，天也……人之形体，化天数而成；人之血气，化天志而仁；人之德行，化天理而义。"(《春秋繁露·为人者天》)"仁之美者，在于天。天，仁也。……人之受命于天也，取仁于天而仁也。"(《王道通三》)

董氏认为人的形体、德行、血气都是来自天，仁是天与人的血气结合而成的，义是德行与天理结合而成的，仁与义是天人合一的产物。又认为人是受命于天的，有其应有的意志，人可以从天获取仁德成就自身之仁，由人道达于天道。天人合一的思想，在董仲舒这里表现得极为强烈。在董仲舒的思想理念中，天俨然不再是自然之天，上升到了道德本体的高度，成为仁义正当性、合理性的依据。《春秋繁露·基义》明确言："是故仁义制度之数，尽取之天。"这与孟子的"天爵"之说有契合之处，仁义礼智乃为天爵，源于天。但又有所不同，董氏言仁义取之于天，主张天人合一，人取天之义、天之仁可以成就己之义，己之仁；孟子则不然，孟子认为仁义乃天生而然，没有董氏的那种皆取于天、天人合一的思想存在。

董仲舒为什么说"天"是仁义之所取呢？这正是董氏的巧妙

安排，是其思想的核心所在。董仲舒懂得仁义对于国、对于家的重要性，为了将这种仁义观念推行于天下，试图寻找超越人之情感的道德本体，为仁义的存在寻找终极的合理性依据。于是天、天意、天志、天理、天道就成了董氏所极力推崇、宣扬的思想观念。正是由于天道的存在，仁义的存在有了根深蒂固的理论依据。

天道不仅是"义"存在的依据，也是"义"的内涵所在。"天之道，有序而时，有度而节……圣人视天而行。"（《天容》）天道有次序而且按季节，有限度又有节制……圣人之所以被称为圣人是因为他们效仿上天来做事。董仲舒的这句话道出了义与天道的关系。在儒家文化中，圣人一直是指代才德完备的人，是仁、义、礼、智等各种品质齐集一身的人，圣人的行为一定是符合"义"的。董仲舒明确指出圣人依循天道而行，等同于董氏承认"义"有天道、"顺天道而行"的含义。董氏又言："其内自省以是而外显，不可以不时。人主有喜怒，不可以不时。可亦为时，时亦为义……义不义者，时之合类也。"（《天容》）义与非义要看时机适合与否，时机适合则是"义"，时机不适合即是"非义"。譬如，季节有春夏秋冬，人有喜怒哀乐，这些都需要顺时而变，不可随心所欲，否则将会出现混乱的局面。例如，春天是播种的季节，偏偏去收割，那么谷物将不得生长；君主应该封赏臣子的时候却偏偏以刑待之，必然会引起臣子的不满，轻则导致君臣矛盾，重则社稷倾覆。此处的合适与不合适的评判标准即是自然规律、人事规律，上升到更高层次即是天道。

假如违背天道，无论是谁都会受到惩罚，天子也不例外。"是故王者唯天之施，施其时而成之，法其命而循之诸人，法其数而以起事，治其道而以出法，治其志而归之于仁。"（《王道通三》）董仲舒认为，君主之所以可以做君主，这是上天授予的，君权来自天，所以，统治者要参照天时进行统治，效法天命并让老百姓都遵循天命，效法上天的原则并且把这作为统治老百姓的依据，效法上天的方法并凭借它实现大治，效仿上天的思想而使平民百姓归向仁爱。董氏认为君权来自天，君主应当顺天道而行，这是符合义的。他将神权与君权统一了起来，这种观点一方面维护了君主的至高无上的地位，另一方面，也起到了限制君权，限制君主所为的作用。如果君主不懂得爱民、恤民，便是不义，那么上天便会惩罚统治者，这便是其天道的运转。可见，董氏将天道与人道统一了起来，将君主与上天联系了起来，天道成为判断义与非义的标准。

综上所述，可以看出，在"义"与"天道"之间，董氏认为"义"便是顺天道而行。《春秋繁露·天道施》明确而言："不顺天道，谓之不义。"反而言之，顺天道而行，谓之义。

## （二）正我之义

上文已知，"义"便是顺天道而行，这是概括而言。那么具体而言，义的内涵又有什么变化呢？基于天道思想，董仲舒提出了不同于孔孟荀的义思想和义观念。"春秋之所治，人与我也。所以治人与我者，仁与义也。以仁安人，以义正我。"(《仁义法》)董氏认为"仁"是对他人的爱，指向的对象是他人，而"义"则是对自身的道德要求，是归正自身的法则，指向的对象是自己。即"仁是指对待他人的一种社会伦理规范，其核心是爱人；义是自己对待自己的伦理自律，实质是伦理的自觉体认和自我审视，其核心是自省"[1]。正如董氏所言："仁者爱人，不在爱我，此其法也。……义在正我，不在正人，此其法也。"(《仁义法》)在董氏看来，义是用来约束自身言行的伦理律则，强调的是一种自律精神，而没有对他人的要求。这一点是董仲舒义观念与孔孟荀义观念的区别所在。

董仲舒以人我之分来区别仁义，是有一定原因的。当时的统治者不懂得仁义的真谛，常常用仁来宽待自己，用义约束他人，最终导致出现混乱。"义"在暴虐的统治者看来是用来约束百姓、统治百姓的工具，而不是针对自身的道德要求。"义"完全沦落为奸猾之人愚弄他人、侵犯他人的工具，所以，董仲舒评价楚灵王是一个彻头彻尾的不义之人。其实，和楚灵王一样的君主不胜枚举，董仲舒之所以举这个例子，意在说明当时的统治者们往往用"义"来约束他人，而不是反省自身。为了划清仁、义的范围，界定仁、义的内涵，董氏提出人我之分。董氏曰："义者，谓宜在我者。宜在我者，而后可以称义。"(《仁义法》)此处，董仲舒把"义"解释为"宜"，这与《中庸》"义

[1] 曾振宇，范学辉：《天人衡中：春秋繁露与中国文化》，河南大学出版社1998年版，第153页。

者，宜也"的理解是一致的。但是，董氏之宜乃是"在我之宜"，是针对自身而言的适宜、得当。义与非义是取决于自身的，由此可见，义是针对自身的行为律则。

综上所述，董氏之义有两方面的内涵，一是顺天道而行之义，二是正己之义。"顺天道而行"是从大的方面而言的，而"正己之义"则是具体而言。简而言之，董氏所认为的义观念是以"顺天道而行"为大原则，以正己之义为具体内容的。

## （三）义利两有

提及董仲舒的义利观，有一句话不得不提，即"正其谊不谋其利，明其道不计其功"[1]。对于这句话，宋儒程颢（字伯淳，1032—1085）认为"此董子所以度越诸子"[2]，朱熹、吕祖谦（字伯恭，1137—1181）称赞曰"可以为（儒者）法矣"[3]。程颢与朱熹均是在称赞董氏懂得"义以为上"。与之相反，叶适（字正则，1150—1223）、颜元（字易直，1635—1704）批评曰："'正义不谋利，谋道不计功'，初看极好，细看全疏阔。……既无功利，则道义乃无用之虚语耳。"[4]"问董子正谊明道二句，似即谋道不谋食之旨，先生不取。何也？曰：……全不谋利计功，是空寂，是腐儒。"[5] 这两种截然不同的观点，

[1] ［东汉］班固：《汉书》，中华书局1962年版，第439页。

[2] ［宋］程颢，程颐：《二程遗书》，上海古籍出版社2000年版，第337页。

[3] ［宋］朱熹，吕祖谦：《近思录》，上海古籍出版社2000年版，第65页。

[4] ［宋］叶适：《习学记言·汉书》，中华书局1977年版，第105页。

[5] ［明］颜元：《颜元集·颜习斋先生言行录·教集门第十四》，中华书局1987年版，第671页。

均存在片面看法。这句话在一定程度上反映了董氏对义、利关系的认知，但是仅凭此一句话就认定董仲舒的义利观是重义不顾利，有轻率之嫌，需要认真考察这句话的具体出处以及具体含义。

"正其谊不谋其利，明其道不计其功"，此句是董仲舒应对汉武帝的兄长——江都王刘非的对话。刘非自视甚高，常常以齐桓公自比，欲招揽董仲舒为其效力，暗藏谋逆之心。董氏深知其意，以仁者"正其谊不谋其利，明其道不计其功"规劝、回应刘非，表明自己的心意。此处的"利、功"是指图谋霸业、建功立业之意，此处的"义"，则是指对君主的忠诚。回到原典之中，会发现董氏这句话并不是单纯的论述义与利之间的关系，而是在政治漩涡中表明自我立场。如果以这句话来判断董氏的义利观，必定会有失偏颇，以点概全。

事实上，关于义与利的关系，董仲舒有专门论述。董仲舒说："天之生人也，使人生义与利。利以养其体，义以养其心。心不得义，不能乐，体不得利，不能安。"（《身之养重于义》）董氏认为人类生来便是义、利两有的，离不开利，也离不开义。利是用来孕养身体，义是用来滋养心灵的，两者一个指向物质，一个指向精神，缺一不可。同时，董氏还认为，养心之义与养体之利，相较而言，义是重于利的。"义者，心之养也；利者，体之养也。体莫贵于心，故养莫重于义；义之养生人大于利。"（《身之养重于义》）"体"没有"心"贵，养体自然比不上养心，董氏言外之意是说，要重视义。他还说圣人治民，是兼顾义利，欲不过义，义不灭欲，取两者的平衡点，从而实现君道。这种观点与荀子的养欲、治欲之说有相通之处，可以说是对荀子思想的继承和发展。荀子以"性伪合一"推导出"义利合一"的观点，而董仲舒则是以心、体来划分义、利，利是养体之物，义是养心之物，由心、体合一进而推导出义、利是统一的。综合上述，可以看出，董仲舒的义利观一方面坚持义利两有，两者是统一的，不可分割，缺一不可；另一方面，董氏依然认为义与利相较而言，是义重于利。

基于对孔孟荀之义的解读，对《左传》《国语》中义内涵的研究，可以看出，先秦儒家义观念有两大特点。一是由最初的宗教内涵逐渐向道德内涵转变。义最初只是与祭祀有关的刑杀，后来演变为刑杀准则，在《左传》《国语》中又体现为善、美之德；到了孔孟荀那里，义则演变成一种伦理意义上的道德内涵。义的内涵在逐渐丰富，并逐渐赋有伦理道德性。二是在义利关系方面，儒家的总体趋向是重义轻利，但是不同的是孔孟荀皆有不同的观点。孔子主张见利思义；孟子主张重义轻利；荀子主张利不克义，义利合一。这些儒家代表人物的观点虽然各不相同，但是他们都有一个基本的倾向，即当义与利相较而言时，义重于利。

到了两汉时期，儒家"义"观念有了新的发展，两汉儒家的代表性人物当数董仲舒，董氏的义观念与其天道思想密不可分，他所理解的义是"顺天道而行"，遵循天道，以天道为原则。但是，在区别仁与义时，董仲舒又赋予"义"全新的内涵，董氏主张"义"乃是约束自身言行的伦理律则。在义利关系方面，董仲舒主张义利两有，义利统一。

#### （四）正我之义与正义

"春秋之所治，人与我也。所以治人与我者，仁与义也。以仁安人，以义正我。"（《仁义法》）"以仁安人，以义正我"突出了"仁义"这一对范畴的作用，"仁"是处理人与人关系的出发点和依据，而义则强调其正当性和义务性。在处理利益矛盾的时候，自己与他人之间的关系同样适用董仲舒这一原则。

所谓仁，就是要跳出自我这一狭隘视野，来考察他人的利益所在，"己欲立而立人，己欲达而达人"（《论语·雍也》），将他人和自己都作为目的；同时必须考虑到"己所不欲，勿施于人"（《卫灵公》）这一底线要求。所谓义，就是以理性方式考察自身行为的正当性、适宜性和义务性，在自我与他人关系处理上首先反思自身行为是不是"义"。

第四章

# 魏晋时期：才性的突破

汉末魏晋，作为"大一统"王朝之后的第一个大分裂历史时期，社会生活的方方面面发生了全面的大变革。作为最高权力的皇权逐渐衰弱，皇权政治逐渐被门阀政治压制；作为思想文化最高权威的经典体系逐渐崩溃，儒家独尊地位在事实上已经丧失；佛教的传入与发展，道教的创建和迅速崛起。种种变革对旧有的社会格局造成了强烈冲击。在这种大变革的背景下，人的性情等非理性能力、认识和改造社会事务的实践能力、认识和分析问题的理性思维得到了极大的解放。社会文化精英们，凭借自己卓绝的才能、性情、天赋、理性，实现了对旧有腐朽事物的全面突破。他们或对之进行猛烈抨击或苦苦坚守或勇敢探索或大胆重构，使得思想文化局面出现了小范围的繁荣。作为儒家道德哲学的重要范畴，"义"逐渐摆脱了先秦时期的社会经验性和家庭本位的伦理性特征，以及汉代"天人"神学化道德体系的诠释，逐步向道德形而上学研究和诠释方向发展。

儒家思想每一个概念范畴，作为儒家思想的整体组成部分，和儒家思想一样,在每个历史时期都有着明确的主题。"义"这一范畴,在魏晋时期的主题是反思与重建。自汉武帝时期确立了儒家的"独尊"地位之后,两汉时期以董仲舒为代表的儒者,便为了大一统国家建立名教纲常体系而努力。董仲舒以"天人感应"的理论,为其名教体系提供合法性依据,"义"范畴自然也被上升到"天"的高度,在维护两汉伦理道德方面具有不可替代的作用。而随着两汉儒学的发展,社会上普遍出现了谶纬现象。谶纬这种可以被随意解释的特点,破坏了伦理道德理论的严肃性、神圣性,这直接导致了传统的"天人感应"理论体系的崩溃,因此原有的名教纲常体系的合法性依据也随之丧失。同时,伴随政治制度、经济结构、思想文化、宗教格局等各领域发生的重大变化,各方面的社会矛盾开始凸显,一方面是旧有的上层建筑难以适应社会发展的需要,从而失去其维持社会稳定的作用;另一方面,由于最高权力、终极信仰、文化经典等失去了原有的地位和作用,因而作为道德体系建立基础的社会生活价值判断标准丧失,原本"天经地义"的事物,开始被普遍怀疑甚至抛弃,思想领域陷入了混乱;再一方面,由于道德体系的结构方式越来越脱离现实生活,儒家思想者们以学术化、封闭化的态度对待经典,从而丧失了其与现实生活和现实问题之间的紧密联系,尤其神学化的发展倾向,最终将社会正义和天道公理遮蔽于神学化解释中。

魏晋时期的玄学家们,一方面揭露谶纬的虚伪性和欺骗性,揭示其理论矛盾,并对它进行激烈批判;另一方面,他们也开始反思究竟什么是"义",并在此基础上试图重建儒家名教纲常理论体系,为之寻求更加合理和适用的思想理论依据。魏晋时期的思想家们,普遍反思"名教"与"自然"的关系;他们结合了当时流行的道家思想,着重吸收其"无"的思想,在改造儒家思想理论的同时,对"义"这一范畴的内容和形上依据进行重新诠释。

魏晋时期,由于儒学研究的衰落以及对注疏式研究的扬弃,对"义"范畴独立研究或道德形而上学基础的研究并未形成,魏晋时期的"义"范畴的发展,主要表现为对其形上基础探讨,尤其是对作为社会生活终极价值依据及其标准的探讨。魏晋时期思想文化的主题是对"名教"与"自然"矛盾关系的探讨,因而大致表现为三个阶段:以本末关系界定"自然"与"名教"的贵无玄学;舍名教而任自然的道德虚无主义——竹林玄学;试图理论上打通"自然"与"名教",强调"名教"即"自然"的崇有玄学。同时,值得注意的是,"义"在社会生活的诸多方面,也出现了许多突破,并呈现出多样化的特点。

伴随社会动乱而大量出现的"游侠",以私力救济的方式参与政治和道德生活,中兴了"侠义"的传统;以夷夏之辨、遵古法古和皇权正统为核心的"大义"重新成为社会政治生活的主题;"孝义"开始遭到质疑,并出现广泛的反动思潮。考虑到"义"范畴的抽象性和道德的形而上学地位,佛教的广泛传播和道教思想的流行,对义的理解和诠释,开始突破儒家话语体系,慢慢走向兼顾佛道。道义的出现,既反映了三教对话的现实需求,也表明了社会价值重构的需要。反思、对话、重构，构成了魏晋时期义范畴发展变化的三大特征。

就哲学的理论和思想体系看，依照时间和矛盾主题为标准对魏晋玄学划分，则大概表现为三个阶段：活跃于正始年间（240—248）的何晏、王弼的"贵无"思想，在崇尚道家自然的前提下，发挥了传统儒家的思想，基本可看作是对两者进行的调和；魏晋以嵇康、阮籍为代表的思想家开始对名教进行猛烈批判，他们宣扬"越名教而任自然"，强调摆脱名教的束缚，崇尚自然，在当时引起了较大的反响；针对"贵无论"和"越名教而任自然"在社会人心和国家治理方面产生的负面影响，裴頠、郭象分别以"崇有论"和"名教即自然"来应对，以此来恢复名教在社会教化、国家治理、心性修养方面的积极作用，而"名教"和"自然"这一对矛盾范畴的斗争也基本告一段落，至此，仁义和自然相统一的理论形态基本形成。

## 一、义以无为本

魏晋玄学早期，由于道家思想的流行和对统治阶层的广泛影响，道家崇尚自然，尚无贵虚的价值观被普遍接受，而此时儒家崇尚典章制度名教体系，训诂解经谶纬流行的发展局面，已经严重阻碍了当时思想的进步。进步思想家们开始立足于道教价值观和理论体系，来重新理解和解读儒家思想，以何晏、王弼为代表的贵无派较为典型。

王弼（226—249），字辅嗣，魏山阳（今河南焦作）人。王弼与何晏在思想史划分上同是魏晋玄学第一个时期——正始玄学的代表人物，因为两人在思想上都主张"以无为宗"，所以被称为"贵无派"；所谓的"贵无"即以无为本，扬弃名教体系对行为规范和具体道德德目的固守和拘泥，在尊重个体感性需求和思想自由的前提下，崇尚把握儒家伦理纲常背后的所以然之理。

贵无派思想家们，与后来的玄学派不同，他们对旧思想体系的突破，依靠的是其天才式的思考和两大思想体系的融合，其以理论思辨性和创造性为特征。而王弼就是这样一位早亡的天才思想家，他少年时便展现出惊人天赋。他在仅二十四年的生命中，创造了令人惊叹的学术成果，尤其在有无问题中，孔子老子何者更为高明的问题上，最能体现其立场和思想渊源。他将儒家思想，尤其"易学"思想，与老子"贵无"哲学主张有机结合在一起，在推动儒家思想发展的同时，也在形而上学层面上解放了儒家天人感应理论体系对"义"范畴的束缚。

## （一）无名万物母

王弼的基本哲学思想就是，天地万物皆是从"无"中变化生成而来。所谓"无"即是世界的本原、本体，即如老子所言的"无，名万物之母"。在王弼这里，"无"又被解释为自然，也就是凸显道作为规律运行的客观性和独立性。他将"无"和"自然"

两者相互结合，彰显了道的客观性和至上性，也表明其生成意义上的本源性，由此进一步说明"义"作为所以然之故和所当然之则的含义。在先秦两汉儒家思想体系中，义总是作为形而下的范畴，在具体的道德事物中得到说明，其理论奠基是儒家的先王之道和仁、礼思想，并未独立构成道德形而上学的理论范畴；王弼的贵无思想，置换了义的价值依据以及其对具体道德事物的依存性，使得义范畴能够在更大范围内得到解放。

当然，要想深刻认识王弼的思想及其理论意义，则不得不认识到"无"和"自然"各自的意义和价值。从万物生成变化的来源上说，"无"是万事万物的本原，同时也意味着其超越性和否定性，即不以既有价值标准或事物为理论最高标准，否定鬼神崇拜和谶纬的神秘解经方式；"自然"则主要是指，人道或规律发用流行的自然而然的状态，体现在人身上就是意味着意志的自由和性情的释放，在当时落实到每个人身上便意味着人的才华、个性、性情得到充分的发展和实现。

对王弼思想的这种突破性和超越性意义的理解，需要结合当时思想界"名教"与"自然"的尖锐矛盾对立局面来看待。由于士大夫阶层的政治地位和社会地位上升，国家政权与士大夫阶层关系出现新的变化，因而导致了社会核心价值的统一性和普遍性被破坏，进而造成了个体道德认识与社会固有道德规范之间的激烈冲突。个人对何为正当的理解和认识，开始逐渐摆脱以往的道德和政治说教以及神秘化、神圣化的解释体系束缚，而逐步开始理性的反思和批判,并进而形成了宣扬彰显个性、顺应自然、强调自我的社会思潮。自然与名教的冲突,反映了当时士大夫阶层既要宣扬个性、强调自我的精神诉求,同时又由于其社会地位和角色的局限,而不得不受到社会伦理道德规范约束的矛盾心态。"义"作为道德原则,同时也是"名教"体系的核心范畴,也因为社会思想领域的混乱,丧失了道德教化功能。汉代国家大一统局面的崩溃,表现在思想界和道德生活中,则意味着儒家独尊地位的丧失、价值多元化和外来思想的冲击、社会寻求普遍价值认同、个体谋求个性张扬等。思想和价值世界的复杂矛盾,与社会现实的重新结合,则又在更大层面上体现着义范畴的发展进路和背景的复杂性。

在魏晋时期,由于长期的社会动乱以及道家、谶纬等思想的发展,原有的伦理道德体系遭到了严重破坏,并逐步丧失其合理性依据。新兴政权为了统治需要,借助固有的伦理道德规范,来巩固并美化其政治统治,儒家思想被逐渐僵化。另一方面,随着道教的兴起和玄谈之风盛行,道家思想在士大夫阶层得到广泛的传播;老子思想由于反对道德说教、反对僵化仁义道德,迎合了当时的社会需求,因而得到普遍推崇。政治统治者僵化的道德说教和统治高压,与士大夫普遍要求关注自我、彰显个性的要求形成尖锐矛盾,"名教"与"自然"的矛盾因此而逐渐凸显并加深。

王弼为解决这一思想领域内的矛盾问题,区别于竹林玄学的激进和片面,他采取了调和的立场,在肯定两者积极意义的同时,以本末体用关系来规定"名教"与"自然"这一对矛盾的关系，以此来调和"自然"与"名教"、道家与儒家、政权与个体之间矛盾的激化。他将"自然"与"名教"诠释为本末关系、母子关系，并认为"自然"是"仁义"之母、本，"仁义，母之所生，非可以为母。形器，匠之所成，非可以为匠也"。(《老子道德经注》)同时，王弼在《老子指略》中又说"自然"是"五教之母"("五教"是指父子有亲，君臣有义，夫妇有别，长幼有序，朋友有信五种伦理道德原则)，是儒家名教体系的渊源所在，是本体和末用之间的理论关系，同时也意味着理论价值大小高低的区别。因此，在本末、母子关系的界定基础上，他进一步提出了"守母以存其子，崇本以举其末"的"崇本息末"主张，体现在他的根本哲学思想上，则是"以无为本"。

王弼在处理"自然"与"名教"这一对矛盾上，表现出了理性的态度和道家立场，他并没有将这一矛盾的两个部分做出非此即彼、存此灭彼的处理，而是强调两者之间相互依存、不可分割的统一关系。

(二) 行义之正

在王弼看来，明确仁义与自然之间的本末体用关系，其主要意义在于批判当时日渐腐朽的名教，落实在仁义上，便是把握仁义背后的道，以自然为指导，在实践中正确地落实仁义——行义之正，非用义之成。王弼深入分析了"自然"和"仁义"这一本末关系的内涵。首先,王弼分析了仁义和巧利产生的基础,以此来揭示这一矛盾的体用关系;在此基础上,他强调两者所以然之故,即"自然"。其次,他以否定的方式说明"自然"与"仁义"的相互转化关系,即"绝圣而后圣功全,弃仁而后仁德厚",(《老子指略》)以此来确证两者的本末母子依存关系。没有"仁义"则"自然"会流于空虚无着,没有"弃仁义"则"自然"无法得到认识。最后他揭示了处理"仁义"与"自然"这一矛盾的方法——"取其为功之母",也就是"行义之正,非用义之所成也"。(《老子道德经注》)意思是指推行仁义道德,并不等于能够获得"仁义"并加以流行施用,必须认识到它背后的所以然之理,准确把握其本末、母子关系,否则就会导致舍本逐末的结果。而当时社会的仁义沦丧,道德缺失,正是片面强调末用,而忽视对其所以然之故——自然探讨的结果。

正如王弼所分析的那样,魏晋时期"名教"面临的危机,根本原因在于统治者片面强调"名教"功用——维护政治统治、加强思想道德控制,而没有意识到"仁义"的合理性依据——自然已经丧失。这种做法直接导致了"仁义"的僵化,使之由自由自主的道德选择,变为僵化的行为约束规范和道德教条、伦理说教。王弼敏锐地意识到了问题所在,并笼统地提出了改变此种状况的办法,即"崇本息末","取其为功之母",也就是为"名教"重新寻求依据。

王弼将老子哲学界定为贵无、崇本,并以此来解决儒家思想的现状——仁义的名存实亡。他从恢复人的自然本性出发，以"自然"为本，在肯定当时仁义道德问题的同时，将问题归于片面强调末用，并进而提出了"崇本息末"、崇尚"自然"的主张。一方面为"名教"提供了终极依据，同时也肯定了人的自然本性的丰富性和合理性，从人的自然本性中阐发"仁义"，具有更高的契合性。

然而，王弼的"以无为本""崇本息末"的理论，毕竟是魏晋玄学对这一问题探讨的初步阶段，没有认识到问题的复杂性实质以及"自然"这一概念本身存在的缺陷。"自然"这一概念，在哲学上来源于老子的"自然"，而在老子理论中，"自然"与"仁义"的内在矛盾也被他继承。故而在他的理论中，"自然"与"仁义"一方面具有"本末关系""母子关系"，同时也有"绝圣弃智，绝仁弃义"的理论倾向，在"自然"与"仁义"的完整统一方面，王弼尚未很好地实现。在王弼的著作中，其老子哲学的立场表达，随处可见；其对老子绝圣弃智、绝仁弃义的主张更是直接继承。这一方面，固然有魏晋时期尖锐的社会矛盾的刺激；更为重要的是，作为魏晋时期的早期哲学，更作为天才式初创的哲学思想家，其反思性和批判性的不足，是符合思想和哲学发展的历史规律的。

正如王弼自己所说，"故竭圣智以治巧伪，未若见质素以静民欲；兴仁义以敦薄俗，未若抱素朴以全笃实；多巧利以兴事用，未若寡私欲以息华竞"[1]。王弼以老子立场来解读儒家思想，更是以非反思的方式，直接取消了儒家对现存世界的价值肯定。从更深层面讲，王弼

---

[1] 楼宇烈 校释:《王弼集校释》，中华书局1980版，第198页。

忽略了儒家仁义和名教——礼的深层含义，即以现存世界为基础，以道德为本位，以对世界的价值肯定为基础，以不断进步的实践活动和努力为途径，实现个体和生活世界的现世圆满。

从另一个方面讲，王弼同样没有认识到老子所说的道和自然的深层次含义。

老子强调"自然"，指的是"道"的客观、自然属性，严格来说，"自然"这一概念并不属于道德伦理范畴。老子的见朴抱素，主要针对世俗的虚伪狡诈"治巧伪""敦薄俗"，关键不是在于行仁义，而是揭示行仁义之中蕴含的危险和缺陷。老子把"仁义"界定为外在于人的本性的存在，因而老子强调"道"而"绝圣弃智""绝仁弃义"，并认为只有如此才能使人恢复自然本性。老子对"仁义"和"自然"的关系界定，其理论合理性由它的"道"思想做保证，而王弼则显然背离了这一思想。王弼强调通过"无为"的方式来行仁义，以期实现其"无为而无不为"的伦理道德和政治统治目标，但是"自然"和"无为"在政治和道德领域显然是反对规范化、制度化的礼仪规范的。

在王弼这里，"仁义"与"自然"虽然不是不可调和的矛盾反对关系，但是其理论的轻薄仁义的倾向缺失是不可否认的。在"名教"理论面对危机的时刻，他利用了老子"自然"这一概念的内在的张力，虽然很好地调和了"自然"与"名教"的矛盾，但是他对"义"和"自然"两个范畴的梳理和界定，都缺乏严密性。这也就是王弼虽然在实现两者统一性方面做出了贡献，但是并没有真正调和这一对矛盾，其理论存在的不足之处是显而易见的。

王弼的义思想，不仅仅在理论建构上进行了创新，他对儒家一贯强调的义利问题同样具有新奇见解。他首先认为在处理现实生活事物上，义利两者各有所长，利能在初期刺激并促进事物的进步和发展，但是真正能够贯彻事物始终的，还是"义"。"夫进物之速者，义不如利；存物之终者，利不及义。故靡不有初，鲜克有终。夫可与存义者，其唯知终者乎？"[1]其次，他一改传统义利观的存义去利的论断。他指出，在事物发展变化的初期，以利益作为引导，能够很好地刺激人们进取的积极性，提高事物发展变化的速度；然而，能够贯彻事物始终，得到一贯性发展，则绝不可能依靠利，这需要义的作用的发挥。虽然这一论断未曾脱离传统儒家的重义轻利的基本论调，但是他能够很好地认识到利的积极作用，能够认识到义和利存在相互促进、相互依存的关系。王弼的义利观，强调义利之间的本末关系，以义作为利的根本和指导原则；同时，他如同孔子以来的思想家一样，一贯坚持重义轻利的基本观点，体现了对儒家思想的继承和基本价值观的坚守。由此也可以佐证以本末模式调和与解决矛盾的一贯思想进路，这与其处理"自然"和"名教"的基本思想进路是一致的，也说明了其理论的内在统一性。

1 / 楼宇烈校释：《王弼集校释》，第214页。

## 二、义即畅性情

魏晋玄学作为中国古代哲学形而上学建立的初期阶段,发展至竹林玄学时期,其主题和基本进路已发生了根本性的变化。区别于正始玄学时期何晏和王弼的天才式创造,竹林时期的阮籍和嵇康在深度和广度上实现了对儒家名教体系的反思和批判。而此时的嵇、阮二人,其主要突破方式是立足于个体的直接感受——性情。他们在压抑和腐朽的环境中,力主个性的表达和性情的自然发用,主张树立个体高尚而独立的人格以及对腐朽价值观的突破。与西方近现代流行的非理性思潮相类似,他们都主张在道德和思想领域,取消外在权威(上帝或圣人),强烈要求个体的才华与性情表达和发展的满足,以批判和标新的方式,实现对新价值观的呼唤和追求。

嵇康(223—263),字叔夜,谯国铚县(今安徽宿县)人,魏晋时期著名玄学家,与阮籍等人志趣相投、性情相近,常在竹林聚而论道,被后人称为"竹林七贤"之一。嵇康等人强调张扬个性、保持自我性情,反对道德说教和社会礼法对个人的约束。由于嵇康反对其以"名教"约束和愚弄人民、诛杀异己,拒绝与司马政治集团合作,而遭到司马氏集团的迫害,最终惨遭杀害。

阮籍(210—263),字嗣宗,陈留尉氏人。与嵇康的清高和雅观相比,阮籍的性格特点同样鲜明。一方面,他骄傲狂放,任性妄为,且自视颇高;另一方面,他又小心谨慎、处事圆滑。两种极端矛盾的性格在他身上同时得到了体现。这种性格上的扭曲，恰恰反映的是当时尖锐的社会矛盾、混乱的价值认同以及普遍压抑的社会环境。嵇康和阮籍这种性格上的扭曲，恰恰表明两者的哲学和思想突破进路——性情。

当时社会思想领域内"名教"与"自然"矛盾加剧，司马氏借助"名教"倒行逆施，引发了已经觉醒的士大夫阶层的强烈反对。以感性为主的竹林玄学家那里，对待"名教"与"自然"这一对矛盾，其态度显然不如王弼那样理性而调和。他们坚定地站在个体自由的角度，激烈反对"名教"约束。这里面虽然有政治、社会、宗教、艺术等因素的多重影响，但是他们在处理道德、伦理、社会、政治等问题时推崇"自然"的态度以及哲学上主张"以无为本"的贵无态度是一贯的。"越名教而任自然"是当时玄学家们普遍的思想主张。嵇康作为竹林玄学的领军人物，更加激烈地坚持"名教"与"自然"相互对立，并不如王弼所说的是母子本末关系，而且提倡摆脱"名教"束缚，一任个人性情和道德直觉。

## （一）仁义的性情扭曲

嵇康的道德世界是矛盾和复杂的，他并不是一个简单的"名教"的坚决反对者。嵇康的所谓"越名教而任自然"，并不是想要站在社会角度来确立一个具有普遍适用性的道德原则，而是要强调个体自由和道德自觉。嵇康所反对的"名教"仅仅是社会流行的僵化的具体伦理规范，并不是指作为人的本质属性的仁义。"越名教而任自然"，与其说是反道德立场，不如说是主张道德直觉更为恰当。

　　嵇康的这种扭曲性表达，反映了两个深层次的矛盾。一方面，他虽然推崇道家的贵无，主张无为与自然，却不认同老子对现实世界的价值的否定态度，他从深层次上对儒家的道德伦理以及理想人格是持认同态度的。另一方面，他虽然个性突出，行为独特，强调个性和纵情，却极为重视伦理纲常。可以说，嵇康对名教的反对，其实质是反对统治者宣扬的价值理论和统治手段，而非反对儒家的价值理论体系。从嵇康和阮籍这里，不难发现他们对两汉以来的儒家道德理论腐朽实质已经有了深刻认识。汉初之后，以孔孟心性论为基础的道德理论体系，成为儒家理论的主流形态，而对这种性善说的不断抬高，最终使之与汉代的王权思想和神化理论相融合，形成了名教制度，最终偏离了道德主体——人的基本道德地位和认识方式。仁，在这一体系下，逐渐成为名教体系的儒家思想，由对仁义的道德本性解放和人的生存发展，转变为压抑和束缚。竹林玄学家们，并没有像荀子一样，立足于人的自然欲求，并由此论证和发展出一套新的制度和规范。他们直接从个体感受出发，立足于个体的性情感受和审美追求，以自我个性张扬和追求自我完满为要求，抨击和反思名教体系，由此建立一套以张扬个性、独立人格、自我发展为基础的道德体系。

　　嵇康首先从来源上分析了仁义的非本真性，明确其在理论上的附属地位性质。

"夫民之性,好安而恶危,好逸而恶劳,故不扰则其愿得,不逼则其志从。洪荒之世,大朴未亏,君无文于上,民无竞于下,物全理顺,莫不自得。饱则安寝,饥则求食,怡然鼓腹,不知为至德之世也。若此,则安知仁义之端……故仁义务于理伪,非养真之要术;廉让生于争夺,非自然之所出也。"

嵇康对于"自然"的论证是从人的自然本性出发的,而在他看来,自然本性尤其强调人的行为选择的自然状态,才是人之为人的基本属性。也就是说,人的自我完善和发展,需要从人的自然本性出发,应该顺从人的直觉和本能选择,并认为人的本能反应和当下直觉,应当成为道德和法律制度得以建立的基础和原则。在这里,嵇康显然混淆了自然本能和道德行为直觉,将自然与自觉相混淆。在利用自然本性论证了"自然"之后,他又从自然本性来反驳"名教""仁义"。可以很清楚地看出,"仁义"从来源上讲,并不符合"自然"这一基本的原则,也就是说,"仁义"并不符合人的自然本性要求,也不符合人类追求自身完满和独立人格发展的基本要求。他指出,"仁义"不是自然产生的,而是所谓的圣人有意识地创造的结果,圣人的有意识创造,其目的正是禁锢人心、压抑人性。"造立仁义,以婴其心;制为名分,以检其外;劝学讲文,以神其教。故六经纷错,百家繁炽,开荣利之涂,故奔骛而不觉","故仁义务于理伪,非养真之要术;廉让生于争夺,非自然之所出也"。[1]

在嵇康看来,"仁义"从来源讲是不合人性

---

[1] 戴明扬:《嵇康集校注》,第260页。

自然要求的，而就实施效果而言，在嵇康看来无疑也是失败的。其次，嵇康还看到了人的自然本性和后天习惯之间的区别。他认为儒家的"名教"体系，虽然在人们看来是自然而然的，但是这属于后天习成，是有意识培养的结果，不能算是人的本质属性。其实嵇康所谓的"自然"，目的是为了强调道德行为规范的合理性，是指道德伦理原则在来源和形成过程中自然而然的状态。

嵇康以一种激烈而尖锐的态度，表达了儒家学说对人之本性的扭曲。在这里，嵇康显然混淆了圣人与圣王、仁义教化与权力控制、儒家思想与神学谶纬体系。嵇康反对仁义教化，其实质是反对以此作为手段的统治者的权力控制和人性压抑的做法。其反对六经，实质是反对六经设立官学后，逐渐沦落为人们追求权力和财富的手段以及自立门户、故步自封、不求思想创新的国家文教发展方式。其反对圣人立教，实质是反对神权崇拜和迷信偶像，尤其是统治者和文化权威的独断态度。

当然，嵇康的理论并不局限于此，正如前文所说，他对儒家思想的态度，是反思而非反对。他在来源上揭示仁义的来源——圣人独断的同时，对仁义等儒家核心范畴，给予了深刻的反思。他从"自然"出发，分析义和欲之间的关系。他指出，人的自然本性中的"欲"，是不包含价值判定的事实论述，而作为价值判定的性恶论基础，不是"欲"，而是"嗜欲"。

"夫嗜欲虽出于人，而非道之正，犹木之有蝎，虽木之所生，而非木之宜也。故蝎盛则木朽，欲胜则身枯。然则欲与生不并久,名与身不俱存。"[1] 在这里,嵇康用大量篇幅论证了"欲"不等于"嗜欲","欲"是人的自然本性,同时它本身是出乎自然的,"嗜欲"则是人为物欲所控制,变得纵欲、嗜欲,而这并不构成人的自然本性,因而不能算是自然,而是"非道之正"的不自然状态,恰恰与人追求自我完善和人格挺立的追求相违背。嵇康在此处的论述,涉及伦理道德学说的基本问题——自然认知和价值判断如何统一的问题。"自然"虽然是人的本然存在方式和来源,但其客观事实的色彩更重,显然不足以构成道德原则和伦理核心,如要解决这一问题,则需要详细论证其与道德体系各范畴之间的理论转变关系。也就是说,在顺应人的自然本性的同时,也要顺乎"道之正",这就意味着人的自然本性的"欲""自然"必须顺乎"道"。很明显,这里的"道"就是"欲"的正当和适宜,这恰恰正是"义"的内涵。"义"也正是"自然"的应有之义。嵇康的理论缺陷在于他片面地理解了"自然",因为"欲"和"仁义"都属于人的自然本性,人不仅仅有自然欲求,同样也有理性的思考和自律。

嵇康的矛盾,既是自身认识能力的不足,也受到时代认知的局限性和社会流行思潮的影响。他将"仁义"理解为以此作为手段和工具的统治者所实行的各种具体的规范和教条,并由此抛开了其儒家"仁义"学说的基本内涵和精神实质。一方面,这是由汉代经学诠释的方法以及大一统王朝追求文化思想统一的社会现实所决

[1] 戴明扬:《嵇康集校注》,第168页。

定的；另一方面，也与他作为社会贵族和文化精英、觉悟者的身份地位有关。魏晋时期的门阀贵族，与统治者保持着既依附又追求独立、既反对又亲近的矛盾关系，而作为文化精英和人格高尚者，嵇康显然对这种矛盾带来的对性情和生活的扭曲深恶痛绝。然而前两点并不构成嵇康对儒家仁义学说认识和认同上的矛盾的必要条件，问题的实质在于儒家思想文化和精神追求的超越性，其理论基础不足以适应当时时代的需要，在魏晋时期蓬勃发展并自然流行的道家形而上学体系，满足了人们在思想、文化、审美、道德等方面的超越性追求。嵇康的道家思想立场，与他对作为社会思想基础的儒家伦理道德价值实质认同，两者之间构成了尖锐的矛盾。

嵇康在内心深处，对儒家的仁义精神是认同的，虽然他激烈地反对"名教"，批判社会伦理教化对人的约束和压制，但是这与他认同仁义精神实质之间并不矛盾。"若见穷乏而有可以赈济者，便见义而作""若有所损废多，于今日所济之义少，则当权其轻重而拒之""非义不言……若其言邪险，则当正色以道义正之"，[1] 这充分证明了嵇康眼中所谓的"义"恰恰是做事的正当性和适宜性的原则要求，而嵇康所反对的"名教""仁义"中的"义"是社会流行的被异化的"义"的教条，由此可见，嵇康并非简单地反对"名教"和"仁义"，而是在遵循老子以否定方式探究真理的基本哲学进路基础上，探索儒家伦理纲常，尤其是仁义的真精神所

[1]／［三国］嵇康：《嵇中散集·家诫》，卷十，商务印书馆1937年版，第70—71页。

在；而嵇康思想在态度、理论、价值认同等方面的矛盾呈现恰恰是时代对人的生活、人格、思想、人性等的扭曲的具体呈现。

总之，嵇康的义思想，从人的自然本性出发，论证了"自然"的合理性，同时也用此来反驳"名教"所代表的儒家仁义思想。在义和自然的处理上，嵇康并没有清楚地认识到两个范畴背后的理论来源上的矛盾以及两者在对现实生活价值判定上的不可调和的矛盾，以至于其思想产生了自相矛盾，理论出现了自相冲突，同时也造成了后人对嵇康的思想理解的偏差。嵇康固然一方面在猛烈地抨击"名教"，激烈地批判司马氏集团利用名教所进行的倒行逆施；但是另一方面，他的内心深处又表达了对于合乎自然的"仁义"的强烈渴望。这种扭曲状态的呈现，恰恰反映了个体思想与社会现实生活之间既影响又超越的矛盾关系，也表明个体在思想发展和追求自我的过程中，其认识能力和价值判断、现实批判上的薄弱性和缺陷。嵇康的生命悲剧以及思想的自我矛盾，也表明了个体性情在批判和突破腐朽思想理论体系上的孤立和不足。庞大而完善的旧有哲学理论体系的突破，尤其道德哲学的突破，依赖于人在性情、理性、生活世界、人格、社会思想等方面因素的全面发展进步。

## （二）仁义的人格扭曲

如果说嵇康的悲剧说明的是魏晋时期在以才性对仁义真精神的追求上的失败；那么阮籍的悲剧，则体现了独立人格在仁义精神追求上的失败。

阮籍不具备嵇康高洁的品性、独特的性情和人格魅力，他的身上，处处彰显着尼采式的狂人气质和古希腊犬儒学者们的不拘礼法。这种精神和人格，与古希腊"酒神"精神有着完美的契合。他在人格上，既具有英雄和名士的一面——即"大人先生"，同时也具备妥协和屈从的小人物一面。阮籍在人格上的扭曲，从思想上讲，他受道家思想深刻影响的同时，也被扭曲了的儒家仁义思想——"名教"所束缚和困扰。

阮籍崇尚自然，追求真性情，处处体现魏晋时期名士风流洒脱的一面，行事颇为任性放诞。其"青白眼"，更是将这种真性情表露得淋漓尽致，成为其个性人格的代表。从思想上说，阮籍这种真性情人格，是彻底的老庄道家思想立场，凡事追求真性情自然流露，鄙薄在社会矛盾影响下的礼俗之人和人格卑劣者，也鄙视社会种种腐朽压抑的礼法名教。阮籍这种态度，或者说老庄道家这种立场，实质上是以旁观和超越的身份，对儒家宣扬的仁义圣王思想的进一步发展和推进，阮籍的大人先生人格，也正是对这一以道立儒的最好刻画。

阮籍的大人先生形象，与庄子的圣人或神人形象一脉相承。在他看来，大人先生是遗世独立、与道同体的。虽然他在《大人先生传》中对儒家的形象——域中君子没有庄子的鄙薄之词，但是他对君子崇尚虚伪浮文、拘礼锢法的拘谨十分不满。大人先生，以其对生命和性情的本然洒脱的秉承，凸显了道家的超道德审美形象。儒家的域中君子形象，立足于现实生活的伦理和道德意识，追求以个体自我理想人格的完善，落实于社会国家的终极理想。然而阮籍立足于道家崇尚自然虚无的立场，对儒家的域中君子形象展开了批判，认定此人格是对人的自然本能的破坏和戕害。"君立而虐兴，臣设而贼生。坐制礼法，束缚下民"，阮籍在此处，虽然言辞激烈而失之偏颇，但是却明确表达了一种批判现实的态度。由此态度，不难推断其对仁义的态度——戕害人性、束缚人心；然而对此说法，必须从深层次上予以理解——抛开其情绪性因素，详细分析其背后的社会矛盾，不难发现阮籍对礼法制度名教体系的批判，其针对的对象仅仅是在当时呈现出的、被黑暗政治和腐朽制度扭曲的儒家思想。同时也不能不认识到，虽然老庄思想的道，在这一时期被理解为自然——对生命自然的解放，但是其对待世界的基本态度却是一致的——逃避和消极。道家的这种优美，其浪漫主义情怀和对生命本身的珍视，对宇宙的豁达和对人生价值的自我认定，固然给予苦难中的人以慰藉，却不足以产生推进现实世界发展和完善的建设性意义。

大人先生这一形象，固然是对人性的高扬和对个体人格的审美性呈现，是超道德意义的理想形象。然而这种人格却不值得提倡，因为人作为现实性的存在，其人格和存在、发展，天然地与自然和人工世界、自我与他者、现实与理想发生着共变交互性关系，大人先生的理想人格，显然是独立于任何事物之外的虚无性存在。其珍视的对象，也仅仅是个体生命自身的物质性存在——肉体的永恒存有以及个人性情等非理性因素——意志的畅达。其修养功夫也仅仅是内向化的养气和养身以及对自我之外事物的不断舍离。儒家的理想人格，却是以肯定现实世界的价值性存在为基础，其修养功夫却是由自我不断向外展开的过程。这种人格完善的基本进路，是与人类自身不断完善的过程和人与自然关系不断发展的基本规律相一致的。

儒家的仁义，是儒家理想人格实现的基本理论范畴，仁即自我与他者之间关系的交互性进步，在认识方法上表现为视人如己；在情感上表现为亲近性爱；在关系上呈现为通达；在对宇宙世界的价值肯定上表现为对生命的生、成、参赞。义即自我在人格和存在的变化发展过程中，对自我与他者、他者之间关系处理的正当性和适宜性判定规范。义的这种超越性内涵，并不能通过其概念自身得到表达，它的意义呈现，立足于个体与宇宙生命和社会现实之间关系的矛盾变化过程中。义，在经典和诠释中，总是表现为某某事物是不是符合义，或形上概念范畴与义的理论结构上的关系。仁义，作为儒家道德哲学的基本范畴，在经历过数次形上理论建构和解构后，依然保持其自身的理论核心地位；两者的独特性，恰恰表现为其沟通形上形下，沟通理想与现实，沟通理论与行为。它是道德主体和自我人格向外展开的最基本途径，也是与他者建立关系的最基本方式。阮籍以大人先生的形象，来否定名教体系对人性的压抑和束缚以及对儒家道德伦理思想的基本价值取向，自然也否定了仁义的价值。

但是我们又不得不认识到，阮籍的这种否定，并不是否定仁义存在的基础。大人先生，否定的是崇尚虚伪浮文的人格，是对名教体系下的儒家人格扭曲形象的反动。其理论批判意义，也仅仅能局限于对此种表现形式的否定，而不能说是对儒家倡导的仁爱、正义、公正等价值的否定，二者恰恰是仁义的内涵所在。可以说，阮籍的这种批判和突破，恰恰是仁义思想摆脱旧有思想理论体系的束缚，而展开自我的必要过程。从此种反动和对立立场中，看到其统一性的矛盾发展关系，恰恰是理解竹林玄学思想的关键所在。

从阮籍的处事行为来看，他处处以不羁的行事风格，表达着真性情、真情怀。"阮步兵"这一名号的由来，可谓最能体现其嗜酒而人格真挚、放诞不经而面面俱到的性格特点。阮籍嗜酒，却绝不加以掩饰；虽然鄙薄司马氏一朝的处事，却不得已而屈从敷衍出仕为官。恰好闻听步兵厨营人擅长酿酒，且颇有珍藏，阮籍自请出任步兵校尉一职，这种荒诞行事作风不禁令人拍案叫绝又啼笑皆非。阮籍对此事的处理，可谓既全性情之真，又合仁义本心；既屈从"名教"，又张扬人格。

阮籍的猖狂和叛逆，既有对传统礼法的反叛，亦有对自然情感的逆反；既有消极逃避，亦有激昂慷慨；他心中，既有大人先生这种高尚而审美的人格，亦有域中君子的庸俗和粗鄙。阮籍的这种矛盾人格，表现在具体日常生活中，则常常是行为惊世骇俗而荒诞不经。

其任性情而悖礼法的事情比比皆是，甚至当时的男女大防他也丝毫不以为意。据《世说新语》记载，阮籍邻家有一女主人，嗜酒如命，阮籍也因此常去邻家寻女主人喝酒，对男主人视而不见。两人酒逢知己，常常喝得烂醉，女主人醉卧睡榻，阮籍亦醉卧一旁，丝毫不知避嫌。其性情天真烂漫，以至于男主人对此也渐渐安心，对二人之间的关系信任无比。此种行事，虽无伤大雅，却与当时的礼法教条格格不入。而此事从仁义原则衡量，也无可厚非。之所以为当时的礼法所不容，是因为所谓礼法，作为圣言表述，在具体运用和诠释中，往往将事物之间的本然关系，以其背后的权力结构和社会礼法制度等原因，高高在上地以有罪推定的方式，由解释者自行补充行为动机，并由此对行为主体进行武断评价和道德说教。就阮籍此事本身而言，他与女主人之间的关系，仅限于共同爱好者之间的同好交流，至于醉卧问题，则更是任由其天真性情的结果，因此三人之间并没有造成矛盾。而礼法问题对此的解释，则恰恰相反：邻居男女饮酒，无论动机如何，事实本身已符合礼法对于男女失防的解释；至于醉卧问题，则由于礼法本身是凭借自我与他者之间的道德交互关系而建立的，如今却成为两者关系的异化性存在，这种异化，将本真的情感关系或自然本能关系，自觉上升到道德问题的高度，独断地拥有了对此事实的唯一解释权。礼法的腐朽，恰在于它由自由的道德关系，异化为他律的规范和教条，其中更夹杂着社会的权力结构和习惯性常识和认识的入侵。也正是因为此，阮籍的任性情的审美行为，不自觉地被世俗扭曲为违背道德的叛逆行为。竹林玄学家强调任自然而越名教，意义恰在于此，他们要恢复主体个性、对道德事物认识的纯粹性和解读的开放性，从更深层次讲，他们在追求主体人的意志自由。

也正因为阮籍等人对道德生活和社会生活的反思以及对名教礼法的系统而深刻的反思，从而发出了当时时代的最强音——礼岂为吾辈设耶？然而由于其道家人格的过分理想化，也因为魏晋时期的社会矛盾和对人格的压抑，阮籍人格的另一面也暴露无遗。

就其消极一面而言，阮籍对现实带来的矛盾，往往采取消极逃避态度，且往往借酒避世。正如他借酒逃避司马氏的求婚，他对司马氏是采取有原则的亲近态度，在涉及姻亲问题时，他只能采取逃避的办法，消极地解决自身尴尬处境。而其驾车载酒、信马由缰，以至于常常穷途大哭而归，则更是其伟大理想人格与被现实社会生活压抑的最好呈现。

在面对真性情与叛礼法之间的矛盾时，阮籍的压抑性人格亦体现得淋漓尽致。阮籍母亲去世，他伤心至极，真情流露，却又坚决不以礼法守孝居丧。他采取压抑、痛苦、逃避的醉酒方式，消极而无声地控诉黑暗时代，嗜酒而醉，蒸豚而食，以此荒诞而叛逆的方式，凸显自己与流俗人之间的区别。他在母亲埋葬时的一声长叹，吐血不止，则将其人格中的矛盾和性情的压抑完全释放。

正是阮籍的人格扭曲，迸发出了那个时代对正义、公义、真我之义的最强呼唤。当仁义所涉及的领域里的矛盾发展到尖锐而不可调和时，该领域对仁义的需求也得到了最完整的表达，同时也为仁义发展的新形态呈现奠定了坚实的基础和理论空间。

正是嵇康的才性压抑和阮籍的人格扭曲，道家理想人格与儒家理想人格尖锐不可调和的矛盾以及自然认知发展和道德形而上学建构需要，种种矛盾完整地呈现了义范畴在那个时代发展和呈现的种种可能性。魏晋时期的矛盾，揭示着义范畴发展的几个必要理论前提——自然认识论的确立，以"理"解"经"的转变，社会秩序正常化的需要，道德形而上学的建构需求，谋求儒家与道家、佛家、社会流行观念、王权政治之间的对话需要等。

在经历了正始玄学的天才式改造、竹林玄学的性情和人格上的反思与叛逆，义范畴的发展终于迎来了其矛盾调和与解决的阶段。而这一阶段，作为仁义理论和文化背景的儒家思想体系，开始正式与道家仁义学说进行对话，在对话中，实现了仁义与自然的初步矛盾调和，也预示着义范畴终于迎来了其道德形而上学化发展新阶段。

## 三、仁义即自然

名教与自然之间的矛盾，其实质是道家以无为本的本体命题论断，直接取消了儒家以道德伦理为基础的道德形而上学的最基本前提——价值来源的终极性和真实存有。解决这一矛盾的关键，在于如何处理道家虚无本体对道德价值本体存有的肯定，即是说，要改变以无为本的本体命题，转而肯定有作为世界的终极来源，尤其价值来源的问题。

魏晋玄学在经历了早期的天才式创造、中期的针对性反思和批判，最终对名教与自然这一对矛盾有了深刻认识，最终实现了问题的总结和解决。自然与名教，作为当时思想界的主要问题，其背后揭示的是儒家和道家对世界的本源和价值，在认识上的矛盾不可调和，表现为哲学形而上学范畴，便是有和无的本源之争。对于儒家思想而言，也在经历着在新的社会危机下的自我突破，儒学的发展，在经历了以道释儒的理论独立危机、个体和社会价值认同危机后，在对新的社会矛盾认识基础上，开始以新的姿态，重新寻找自己的发展道路。

　　从社会思潮引发的矛盾看，由于贵无派崇尚清静无为、不拘礼法、不尚教化，因此魏晋时期在贵族社会流行不切实际的清谈之风。他们不关注现实问题，而仅仅着意于自我个性的彰显，片面追求肉体长生和情绪的愉悦。而由此造成的社会问题便是社会矛盾加剧、社会问题丛生、文教废弛、穷奢极欲。玄学派早期和中期思想家，虽然以其天才式的创造和生命体认的方式，突破了腐朽的礼法制度约束，给在政治高压和生活苦难中的人们以心灵慰藉，但是这种从思想根源上带来的逃避式态度，造成了社会价值虚无主义和无政府主义危机。正是由于思想和社会双重危机，迫使儒学也迫使社会主流思想和文化精英们做出问题解决式的改变。仁义，作为儒家道德理论体系的核心范畴，也在经历了这种系统性的解构后，在新的形而上学，尤其道德形而上学理论体系中，寻求到了自己的位置和内涵。

在魏晋时期，不仅仅有王弼、嵇康的"贵无"，同时也有裴頠、郭象的"崇有派"。郭象的思想进步之处在于他从本体的高度为"名教"提供了理论依据，裴頠的《崇有论》虽然从社会需要的角度论证了"名教"的合理性，但是面对"名教"由来的诘难，缺陷是理论不足。郭象改变了"万物生于有，有生于无"的一贯论断，提出了"自生"的理论，并以此为基础，详细地论证了"仁义""名教"的合理性，同样也解决了"仁义"和"自然"无法圆融统一的问题，玄学的"名教"与"自然"之争，在郭象这里基本在理论上得到调和。王弼、嵇康等对于立足于"自然"对于"名教"的反驳，在于"名教"是圣人有意识的作为，并非"自然"，而是人为；郭象的理解在于"名教"的生成并非由人为所成，而是"自生"的结果，"自生"并无人为成分在，故而也是"自然"，通过"自生"这一概念调和了"自然"与"名教"的矛盾。作为玄学派晚期的代表，也是崇有论的代表，郭象以儒家价值立场，诠释庄子，无疑很好地实现了对名教问题的解决和突破。

郭象（252—312），字子玄，洛阳（今河南洛阳）人，西晋时期玄学家，其主要思想是主张万物自生，以万物自生这一命题来反对有生于无的本体论断。在他看来，事物的生成并非来源于一个统一的虚无不可知，天地间一切事物都是独自生成变化的，万物没有一个统一的根据。在破除了无作为事物本源和价值来源之后，他很好地处理了名教与自然这一对矛盾。在他看来，两者的关系是相互依存、共同变化发展的，并着重强调名教合于人的自然本性，人的自然本性中也包含有对名教建立的要求，以形而上学的方式来说，他统一了事物的自然来源和价值来源，明确了事物存在和发展的实然与应然的统一。郭象的这种思想，集中体现在《庄子注》一书中。

郭象的哲学理论的基础，是万物自生这一命题，而核心概念，也是"自生"，"自生"在他看来是事物生成变化的自然而然，也就是万物的存在、产生、变化、发展，皆是以其自身为原因，不待他物给予和支撑。在他看来，无既然是虚无而无内容，便不可能从中凭空产生事物，"无既无矣，则不能生有，有之未生，又不能为生"，同样，有作为事物实存的规定性，也不可能凭空产生事物，只能用来描述某某事物之有，不可能作为万物统一性的生成来源。在他看来，事物的产生，既不可能是毫无规定性的虚无，也不可能是作为事物统一性实存的共名——有，事物的来源和依据，只能是其自身——自生。"然则生生者谁哉？块然而自生耳，自生耳非我生也。我既不能生物，物亦不能生我，则我自然矣，自己而然则谓之天然，天然耳，非为也。故以天言之，以天言之，所以明其自然也"（《南华真经注疏》卷第一）。

在以往的玄学家眼里，"有生于无"是共识，这是从老子那里直接继承而来的观点。然而在崇有派的裴頠和郭象看来，"有生于无"的论断是有问题的，裴頠虽然极力反对这一观点，但是却没有接下去论证"有"的来源，因为他显然认识到了不可解决的思维危机：若言有生于有，则无疑是一种循环论证；有生于他有，则又陷入了无穷的追溯，最终依然逃不出有生于无的命题假设，或无限的来源追问——"无穷倒退"。因此，郭象得出万物自生的结论，虽然也是一种武断假设，却也避免了形而上学上的理论危机。正如前文所述，郭象首先否定了有生于无的独断，认为"无"既然是"无"，那么它就无法生出"有"；其次，"有"既然不能从无中来，它自身的生成就是有问题的（前文已解释），更遑论"万物生于有"了。因此，在他看来，万物的由来只能是"块然自生"，"自生"是不可能由人为来完成的，因此它是自然的。也就是说，"自生"即"自然"，万物是"自生"，也就有万物是"自然"的推论。

万物自生这一基本命题的确立，无疑解决了儒家道德思想体系的根源性问题——事物存在来源和价值来源的统一性和一致性。郭象以此为据，进一步论证"名教即自然"这一命题，直言名教等道德纲目和范畴，从存在上具有其独立自足的充分性依据，否定了道德命题的人为性和后天性。他认为"刑者，治之体，非我为；礼者，世之所以自行耳，非我制；知者，时之动，非我唱；德者，非彼所循，非我作"。（《庄子·大宗师》注）也就是说，刑罚、礼制、德行等等都并非人为所作，而是自在自为、自行生成的；既然礼法等等是自行的、自为的，那也就是"自生"；由"自生"的含义，顺理成章地由概念的传递性得出"名教即自然"的结论；到此为止，"名教即自然"就被郭象论证完毕。这种论证，虽然是在错误使用逻辑推理剩余法的基础上产生的，在论证和概念界定上存在重大缺陷，但是这并不影响郭象对贵无论的批判力度以及其思维的深刻性。

郭象在确立了"名教即自然"这一命题之后，对儒家的道德核心范畴——仁义做出了详细而深刻的论述。对于仁义这一德目，郭象首先回归儒家道德哲学对两者的基本规定，即仁义是人性的基本组成部分。郭象以此出发，在借鉴以往思想家们的论证进路后，对人性问题，给出了不同于孔孟，也不同于荀子的解释。他直接将人性也归于自然这一范畴，将自然作为人性的本质，"自然耳，故曰性"，因此他借用自然这一范畴无所不包、无不可解的理论意义，以人性为媒介，直接论证了仁义即自然。他认为"仁义者，人之性也"，"自然耳，故曰性"，因此"仁义"也是"自然"，它根植于人的自然本性，而不是后天人为规定的社会规范。仁义即自然，这一论断仅仅是从形而上学的分析而来，是理论的直接推导，自然避免不了如何解释现实矛盾的问题。道德教条化、仁义虚伪化、礼法浮文化、经典清谈化，魏晋时期种种社会矛盾的呈现，以及对新思想的迫切呼唤，要求新的道德理论体系，不仅仅满足于对矛盾的合理性解释，同时也要求其指导性解决。郭象直接将仁义阐发为自然，其理论首先面临的问题便是名教与人性常情的矛盾如何解决，或者说名教理论自身的矛盾如何解决。

郭象对这一问题的解决，涉及了魏晋时期另一个经典矛盾——言意之辨。魏晋时期的言意之辨，不同于近现代西方哲学出现的分析哲学思潮，其要解决的问题也不是语言哲学问题，而是魏晋时期哲学家们面临的思维方法转变。言意之辨的提出，使他们发现了表达内容和表达形式、表达效果之间的复杂矛盾关系。同样，"义"这一范畴也涉及这一问题。义，既有其内在的含义和精神，又有其外在表现形式和表达结果。义，就其理论内涵的一面而言，是自然的，但是就其外在表现形式看，它又与自然的内涵和要求格格不入，"夫圣迹既彰，则仁义不真而礼乐离性，徒得形表而已矣"。（《庄子·马蹄》注）所谓的仁义就其真精神而言，是自然的发用流行，就圣迹——名教而言，又是圣贤言行所留下的过往，圣迹就圣人而言，这些是其真性情的表现，是天然的、合理的；然而，在历史发展过程中，社会矛盾的复杂性和人为等因素的影响，使之偏离了真精神、真性情的一面，又过分地强调了"圣迹"的约束和强制性意义，忽略了此背后的真性真情，因而这些强调便不再是"自然"，而是人为的了。名教的形成，便是过分强调"圣迹"的结果，而遵循"圣迹"提倡名教，便是钳制人性、压抑性情、违背自然。而名教，尤其是名教"大义"，这种失去了真性情的"仁义"只是徒具其表，也就是束缚人的教条。以言意之辨的分析方法，厘清和解释了名教与自然在其理论上的矛盾后，郭象针对在现实中如何解决由名教超越自然的这一问题，即修养功夫论上，又暴露了其不彻底性，即道家崇尚虚无的神秘直观——"直与物冥"。

在厘清了"仁义"与"自然"的概念上的区分之后，接下来就是一个很现实的问题了——道德形而上学如何在修养功夫论领域展开,并由此指导具体问题,在日用常行中实现"仁义"与"自然"的统一。在具体的做法上,郭象表现出了其不彻底性,也即由儒家价值和理论立场,转向道家的内在化、神秘化、消极式的立场。他采用的是玄学家们都比较接受的方式——无为,即庄子说的心斋、坐忘等神秘直觉体悟。正如郭象在《在宥》注中所说,"夫黄帝非为仁义也,直与物冥则仁义之迹自见,迹自见则后世之心必自殉之,是亦黄帝之迹使物撄也","直与物冥"就是郭象的解决办法。很显然,这里有一个区分,即圣人的仁义之性与圣人之迹,也就是本体与现象的区分。按照玄学家的一贯思路,对于"迹"的强调和追求是持否定态度的,"后世之心必自殉之"也就是对于当时社会上的"仁义"教条化、僵化的现象的解释和分析。"直与物冥"的功夫要求人们抛开那些以为追求"圣迹"的做法,返回到仁义之根本,也就是所谓的爱人之仁、裁非之义。

总结四位玄学家关于义和自然的理论思考和探索,可以看出两者关系经历了朴素地、简单地将儒家之义和道家的自然在逻辑上进行了论证,强调了两者之间的统一关系,但是并未实现很好的统一,对于一方面的强调会使得两者关系分离;嵇康等人恰恰就是把握住了两者之间的对立关系所以才有了"越名教而任自然"的极端结论;而裴頠也没有实现这一理论的突破,他也是强调了矛盾的一个方面,强调名教反对自然;经历了长时间的争论,两者间的统一和对立之处已经渐渐明晰,正是在此基础上,郭象结合了众多玄学家的理论,得出了"仁义即自然"的结论,克服了以往的理论不足，为后世理论的发展奠定了基础。

## 四、义之百态

魏晋时期社会动荡不安、道德崩坏，各种社会矛盾纷纷涌现。复杂的社会矛盾，使得道德伦理各范畴在复杂社会矛盾中呈现出多样化、复杂化、矛盾化的特点。就义范畴而言，从宏观上讲，魏晋时期，既有魏晋名士的激烈抨击，也有名臣贤相对君臣家国大义的坚守；既有个体正义的呈现——游侠，也有群体性正义的高扬——夷夏之辨。从微观上讲，既有自我人格的矛盾，也有前后价值认同的巨大转变；既有放诞不羁背后的正义坚守，也有大义凛然背后的道德沦丧。虽然义在这一时期被呈现为千姿百态，但是义作为人的道德本性，其光芒从来没有被掩盖过，即使在国家崩坏、道德沦丧、大义不存的时代，依然能看到其牢固的社会基础和蓬勃的生命力。

说到忠义的代表，关羽这一英雄形象自然最具代表性，这个一直以来以忠义闻名于世的英雄，家喻户晓的文化名人、悲剧式英雄以其忠义无双的道德品格，被后人尊奉为神，进而成为儒释道三教的共同信仰。其神化的背后所反映的，恰恰是人们对正义、公义的渴求和认同。在他的事迹中，虽然经过近两千年历代人的艺术加工，却也不妨碍其忠义精神的真实性。其忠义的事迹和传说，早已深入每一个华人心中，他也因此成为中华民族的文化符号、华人的共同信仰。作为"义"的代名词,他的事迹充分体现了"义"这一道德范畴含义的丰富性,忠义、侠义、道义、仁义等在他身上都得到了很好的诠释。

从其传奇生涯的开始,即关羽在原籍出于义愤而杀死为祸地方的豪强,并因此不得已而流落江湖,开始了逃亡生涯,而这一切,恰恰是出乎侠义,出于人的道德本能和个体良知的精神。在魏晋时期,流落江湖、辗转落魄而时刻不忘报国者比比皆是,侠义也在墨家消亡、汉初政治剪除之后,在此时真正实现了真精神的回归和复苏。千古佳话的桃园结义,也恰恰是由于三个满怀侠义心肠、一腔报国热忱的英雄惺惺相惜、意气相投。

君臣之义,在于忠诚。关羽在与旧主失散后,被迫投降曹操,但他不为高位厚禄、名马美人所诱惑,念念不忘兄弟之情、君臣大义。得知刘备下落后,更是不辞辛苦,挂印离去;千里驱驰,不惜过五关斩六将,重回刘备麾下,也由此,其忠义之心可见一斑。

出于情义,关羽义释曹操,表现出了最基本的道德原则和性情之真。出于仁义,关羽在长沙之战中,不杀不备之人,没有乘人之危,对马失前蹄的黄忠手下留情,其仁义之痴,不亚于宋襄公不击未济之师。他以仁义待黄忠,黄忠亦以仁义回报他,两人最终成为莫逆之交。情义与仁义,最能体现道德个体的真情真性,也是作为道德人的最基本要求。他这种对儒家传统道义的坚守,恰恰说明了仁义作为人之本性的强大生命力。

出于家国大义，关羽清楚地区分了汉室正统和傀儡政权的区别，在降汉与降曹的问题上，他有着名家苛察缴绕的认真，也明白春秋笔削大义的一字褒贬背后，所强调的正义。即使被封汉寿亭侯，也坚持"正统"这一春秋大义，不肯效力傀儡政权。麦城被俘后，义不降吴，最终从容赴死。

关羽义薄云天的精神气概，在那样一个道德失范、社会动乱、礼法不存的时代，实在算得上难能可贵。也正是因为如此，他才能死为三国祭、亡为三教神；正是因为他忠义无双，才能成为千百年来忠义、诚信的化身。他的可贵之处，不仅仅在于他为后人树立了道德榜样，更为重要的是他对道义的坚守。正如孟子所说的"天下有道，以道殉身；天下无道，以身殉道"，在那样一个天下无道的时代，能够以自己的生命诠释仁义，以死亡捍卫大义，实在无愧于"武圣"的美誉。

在魏晋时期，由于社会结构和道德伦理、政治结构的大转变，原本只存在于儒家道德理论体系内的义，由于社会道德和价值的虚无主义流行，义范畴的表现形式，也开始突破以往的形态，开始以个体暴力的姿态——侠义，落实于底层人民身上。魏晋时期的游侠，可谓是中国游侠发展历史上的重要阶段；这一时期的游侠，区别于先秦墨家之侠和西汉初年的豪强之侠的关键，在于其侠义的真精神。魏晋时期的尖锐社会矛盾和混乱社会秩序，给予人民极大痛苦的同时，也大大地解放了礼法制度和土地赋税的束缚，他们当中颇有武力且任性情者，往往以救人危困为己任,上秉承民族大义、家国情怀,下扫荡民间不平、仗义行侠。正是由于游侠们的这种精神和担当,他们才能列入正史,在民族战争和国家统一中,建功立业、无私奉献。裴松之在《三国志·魏书》注中引《魏略·勇侠传》,记载了一大批为后世所称道的游侠,他们当中有勇武过人之将如典韦、甘宁等人,也有文人谋士扶危济困,以侠义著称,如徐庶、刘节等人。这一时期的游侠们往往是贵族出身,以救济时局动乱为己任,且往往以结盟缔约成立组织为形式,以武行义。

正因为游侠们的这种特点,他们使得统治者多次下达求贤令、折节下交、广为征召;而更值得注意的是,东汉末年迅速崛起的军阀们,往往都有少年任侠的经历,以侠名招志同道合者,然后形成军事势力,再召集游侠们以壮大自我。如曹操,少年时行侠仗义、扶危济困。青年时候,为剪除权臣董卓,更是有袖刀刺董的佳话;青梅煮酒论英雄,更是将其豪放而侠义的精神表露无遗。也正因为其游侠经历和侠义精神,才招募了一大批游侠作为谋臣武将,最终助其成就统一的事业。

魏晋时期,游侠乃至游侠集团的出现,并非偶然。游侠的出现和壮大,恰恰反映了当时人民希望暴力建立新秩序、私力救济谋生存,谋求社会正义、和平稳定、家国大义。

在那个时代,除了英雄式的义,还有一些悲剧式的义,即在僵化的礼法压迫下苦苦挣扎,并在痛苦中寻觅自由的大义、道德的真理的人们。竹林七贤追求洒脱而自然的生活,强烈反对统治集团假仁假义、礼法愚民的做法。他们快乐时在竹林中饮酒唱和、弦歌对诗；痛苦时醉酒避世、服食求安。他们一方面愤慨地抨击仁义礼法，另一方面又在苦苦坚守着心中那一份正义。

孔融年少时，受到儒家伦理道德思想影响比较深刻，其内心深处一直坚守着忠义孝悌仁爱。孔融让梨的故事，更是为每一个中华儿女所耳熟能详，其让梨所体现出的兄弟之间的孝悌，也至今为人们所称道。然而当孔融真正走进曹魏统治集团内部，成为名教权力体系下的一员，他的价值观和道德观无时无刻不在被扭曲着。君臣之义，在这里成了相互利用、互相压制的工具；朋友之谊，在这里变得世俗而充满欺骗；家庭亲情伦理，在这里也变得鲜血淋漓。孔融作为一个传统道德坚守者，最终也没有逃脱被腐朽权力体系和国家机器撕碎的命运。与嵇康的慷慨从容不同，孔融临终前，他基于心中的悲愤和怨怒，喊出了对伦理亲情最彻底的怀疑，母子之情的血缘亲情，在他看来不过是生命的寄存；父子之亲，在他看来不过是一时情欲之发。这种对伦理道德最彻底的怀疑，无疑道出了腐朽礼法之下，一个被扭曲的灵魂的怒吼和悲愤。

总而言之，无论是嵇康悲剧人格对正义崇高的诠释，还是阮籍荒诞人生对伪道德的辛辣讽刺；无论是关云长忠义一生所诠释的"义"的壮美，还是洒扫应对中蕴含的"义"的优美，这一切事物，都在向我们展示"义"，这一人性基本范畴的善和美，诉说着儒家道德生活世界的丰富和美好。魏晋时期，义的多样化呈现，大略来看，可以总结为两个主题——挣扎与坚守。重压束缚下的挣扎背后，反映的是对社会正义最为深切的呼唤；社会失序、价值沦丧下的坚守，则无疑是人性之正和正义之美的顽强生命力的体现。挣扎和坚守，是时代带给道德自觉者的痛苦和考验，也是带给人类的恩赐与祝福。求道者艰苦，守道者艰难，以身殉道者崇高。

第五章

# 隋唐时期：义之重建与落实

在经历了魏晋时期的多样化发展和考验之后，义发展至隋唐时期，伴随儒学的逐渐兴起和宗教间对话的形成、国家秩序的重建和社会秩序的稳定，义范畴终于迎来了其重建阶段。隋唐时期，义范畴及其相关理论的重建，表现为理论上对儒家文教体系重建的强烈要求，和在现实生活中，对家国一体化伦理秩序的道德理论的落实。

隋唐时期，儒家思想理论体系的重建，包含有隋代王通的三教合一理想说和韩愈、李翱的古文运动。儒家经典体系的重新建立，则表现为唐代早期，由政府主持、孔颖达负责，在结合南北儒学的特色和继承汉代经学的基础上，对儒家五经进行整理并形成《五经正义》。这项由政府出面主持的儒家经典诠释整理工作的进行，除了表明儒学在经历数百年衰落后的复兴，同时也意味着儒学的发展进入了第一次大总结阶段。而儒学在经历了汉代经学、魏晋玄学的洗礼后，逐渐进入了第一个发展总结期。在这一时期，儒学和儒家思想的发展，面临的三大问题是：基于宗教冲突和对话基础上的理论创新；总结前人经典诠释成果，统一南北儒学解经差异，建立统一的经学体系；在佛道思想广泛流行的背景下，将儒家道德、伦理道德落实于具体的生活实践和政治生活中。

首先，就宗教矛盾而言，隋唐时期儒释道三教的三足鼎立格局已经形成，儒家在政治生活和民间信仰、思想传播和价值信仰上的独尊地位都已丧失，儒学在经历汉代衰落之后的数百年内，一直处于衰落和低潮期。与此同时，隋唐时期佛教和道教得到了极大发展，且两者在政治生活上不断得到最高统治者的支持，三教并存的局面形成而且相互之间进行理论论战，儒释道三家的矛盾进一步激化，尤其佛教在隋唐时期发展极为迅速，而且在理论上的建构也显得严谨和精深。儒学在唐代的复兴，主要体现在文化传播上；由于经历魏晋玄学和佛教哲学的流行，文化精英们对一种思想和学说的认同，早已不再满足于简单的说教和章句式表述，他们追求更深层次的思辨性理解和体系化把握。隋唐时期的儒学受到的挑战，从表面看是佛道思想发展带来的冲击，实质上是其自身在新的文化背景和时代背景下，如何实现自我发展形态的改变。隋唐时期，由于儒学自身的理论思辨性不足，儒家的道德伦理思想和范畴也不足以在思辨性和理论严谨性上与佛家哲学相抗衡，因此这一时期的儒学思想家们，其把握和传播儒学的基本方式是依靠信仰和责任感。这一时期儒家的思想家的最大特点，便是对儒学以及儒家道德伦理思想的信仰和使命感的坚持。也正是因为此，他们在儒学的传承和儒家文化发展上，往往强调和突出儒家思想的核心范畴——仁义,以建立儒学发展传播体系的类宗教方式——建立道统,突出其统一性和民族性。在宗教冲突上,他们也往往以激进而情绪化的方式,以民族性和社会实效性来反对佛道,极少能在理论领域系统性反驳佛道。与此同时,儒学思想家们也在潜移默化地接受着佛道理论思维的影响,以此来尝试将儒家伦理道德思想体系化、条理化。

其次,就总结儒家经学、统一南北差异、建立统一化的儒家经典解释体系来说,唐政府主持编纂的《五经正义》,无疑是儒学发展史上的里程碑。它表明汉代以来的儒家经学的派系斗争和内部分歧,在这里终于尘埃落定,为其实现理论化、体系化发展做了铺垫。这一事件,虽然在儒学发展史上意义重大,但是对于义范畴而言,其意义却并不明显。《五经正义》的编纂,并没有在实质上丰富义范畴的内涵和表现形态,其突出的文献意义和历史意义,并不能直接推动义范畴的发展变化。

再次,就儒家伦理道德思想的现实落实看,隋唐时期的儒家思想,与汉代和宋代不同的是,它并非以主动的方式指导,即并非作为社会统一的价值原则和指导思想来指导家庭和政治生活,而是以被动的方式,在社会问题出现后,作为文化和思想资源,被借鉴和借用。这固然有三教鼎立和文化价值多元化发展的原因,但是从更深层次讲,却是儒家思想自身的体系性和理论性缺陷,导致在社会问题出现之前,不能作为体系一贯、思辨严谨、贴合生活、价值认同的方式,落实为社会生活的指导原则和思想指导,来主动调整社会政策和制度。

就唐代儒家思想,尤其义思想的落实看,唐代作为文化的贵族式和精英化发展的最后时期,其落实的主要领域是政治生活,尤其以《贞观政要》的颁布为代表。《贞观政要》作为唐代最具影响力的政治指导性著作,其中涉及的义思想,大致分为三部分:义与君臣关系;义与为政之要;义与德刑关系。值得注意的是,在政治生活中,义范畴开始逐渐摆脱汉代以来的政治表现形式,如在君臣关系上,义不再强调为臣的单方面义务,而是将君臣作为一个整体,以互保互助的方式,以国家发展进步和社会矛盾的解决为目标,突破了权力中心的君臣之义;在为政之要方面,义也摆脱了汉代之后的神道设教,强调统治者对主宰之天的义务,而是将"即民见天""天视自我民视,天听自我民听"的天—民一体打破,将对天的义务,直接落实在民,强调"水能载舟亦能覆舟"的君民一体关系;在道德教化和刑罚惩治关系上,义突破了以往德主刑辅的矛盾主次关系,以理来统摄德刑,将矛盾主次关系,转变为理之本末关系,义也因此成为行政之本、齐民之要。

从义范畴在唐代政治上的落实不难看出,义虽然作为被动的文化资源,被统治者借鉴和吸收,但是也透露了义范畴的统一化、体系化的发展倾向。义在政治各个方面彰显的整体性、关联性、理论化的特征,无疑表明义范畴的理论体系化建构的萌芽。

## 一、天理与道统

　　隋唐义范畴的发展，就其内涵上讲，主要是通过与佛道的矛盾冲突与借鉴，在打破旧理论体系的前提下，实现思想上的整体性突破。在义范畴的发展过程中，也表现出其矛盾的一面——体现相互对话和思想借鉴的发展要求的同时，儒学思想家们也表现出极端的灭佛排道要求。这对矛盾，在隋唐时期的不同阶段，表现形式是不同的：在隋唐早期儒学衰微的情况下，儒学为实现自身生存发展，不得不借鉴佛道，从而要求三教的对话与融合，其极端形式，便是王通的三教合一的主张。而在后期，伴随儒学的逐步复兴以及思想家们自觉的理论建构意识觉醒，儒家与佛道之间的主要矛盾冲突便转化为信仰和价值认同上的不可调和的矛盾，其极端表现为韩愈的灭佛毁佛主张。

　　作为矛盾的统一方面，无论是王通的三教合一、宗教融合，还是韩愈的建立道统、毁佛灭佛，其目标都是一致的，即在新的时代背景和社会矛盾下，复兴儒学，弘扬儒家思想，发挥其稳定社会、安身立命的作用。两者在理论化发展上的一致性，表现为两者都格外重视仁义范畴的理论核心作用，两者都以理作为理论体系最高范畴，进而构建起庞大的思想体系。在治学方法上，两者均抛弃汉学解经的治学方式，主张直通圣贤之意，以承继孔孟思想为己任。在对义范畴的理解上，两者分别发挥了义的理论性和实践性两方面，前者将义直接与天下至理相联系，强调其道德形而上学的核心地位,后者则将义落实于生活的日用常行之中,强调"行而宜之之谓义"。

总之,隋唐时期对义范畴进行理论建构的思想家里面,其代表人物主要是王通和韩愈,两者分别从理论思辨性建构和传承体系建立两方面,对义范畴的发展做出了自己的努力。其中王通的主要理论是对于儒家传统的仁义道德价值观的坚持以及寻求新的理论突破,在创新性上面主要表现为从"仁义之几"出发来通达天道;韩愈的主要表现在于他对于义的范围的重新界定和道统观的提出,对佛老在理论和现实两个层面进行了反击。这一时期儒家在思想史上的主题基本为对儒家道德观念的坚守以及寻求"仁义"在理论上的突破。

## (一) 王通:义通天理

王通(584—617),字仲淹,隋代著名思想家。其学术特点是兼收并包,对儒释道三教的思想均有独到理解,治学颇有博学之名。王通对义范畴的理解和把握,充分体现了对传统的继承和自身独特创造两个方面。他论义,既能深刻认识到义作为人性五常的重要意义,同时也继承了儒家天道人事相统一的理论基础,义内明人性之善,外合天道之正,这正是对儒家一直以来的理论主张的继承。就其创新一面讲,他将神秘化的天道,阐发为天地之理,体现了对魏晋气学和性命学的包容和吸收,他将仁义与治事、制命相结合,开创了儒家仁义学说的性命论研究新形态。他以义来明人性、通天道的做法，在继承传统儒学的思想进路的同时，也对宋明理学家的理论体系建构产生着深远影响。

在王通的思想中，义是其学说的根本立足点，在他看来，义是向内连接人性、向外通达天道的枢纽，也是个体性命变化的关键所在。他认为"我未见欲仁好义而不得者也。如不得，斯无性者也"。（《中说·魏相篇》卷八）也就是说，修人事、得天理的关键在于仁义，而仁义能否得以落实的关键，在于必须于人性上下功夫。性为仁义之根本，而仁义又是人事和天理的根本，人事和天道的昌明，则必须依赖于人性的全面发展——尽心知性。那么在他看来，究竟什么是"性"？在他看来是人的五种最基本道德意识和道德能力的先天依据，也就是"薛收问性。子曰：五常之本也"。（《述史篇》卷七）

"五常"的说法历史上略有不同，但是在王通那里被规定为仁、义、礼、智、圣；与孟子的"四端之心"相比较，王通为仁义礼智之上寻求一个根本——性，而孟子的四端之心之上并无此规定。孟子的四端之心，虽然也从人的道德意识入手，但他重点在为人性善寻求心理作用的先天机制，因而四端之心作为先天道德意识和能力，成了人性善的有力支撑。而王通则没有从人的道德能力和心理作用机制出发，而是依靠严密的道德形而上学体系建构，将人性阐发为人的五种道德范畴。在王通看来，仁义是从"性"处得来，而"性"就是"仁义之几"（仁义之几强调的，是仁义的道德意识萌发的根源，侧重于其心理来源，如善恶之几），同时也是"五常"的来源。正如引文所说,"未见欲仁好义而不得者,如不得,斯无性矣",这里并不是说求仁好义而不得就意味着人之本性的丧失,而是强调其用心着力的切入点没有选择正确,也就是没有在仁义之几——人性处着力、用心。王通论性,区别于以往的性善性恶论的论证之处,在于他不从人的行为本能处展开,也不从人的道德活动潜意识出发,而是直接从道德形而上学理论中,将性作为仁义的心理发源,区别于以往的典型的道德形而上学建构。

王通对义范畴的诠释,还体现在他以完善个体性命的方式,将义范畴作为修人事和得天理之间贯穿的关键。他将义作为修养功夫的起点和立足点,在他看来义既是其"修人事""得天理"的基本立足点,也是出发点,"宇文化及问天道人事如何。子曰:顺阴阳仁义,如斯而已"。义是天道落实于人的基本规定性,同时也是向外开展修养功夫的起点,同时也是伦理道德、礼法制度的基本价值原则。从仁义到人事修,从内至外必然有一个过渡,而这个过渡在王通这里就是"仁义发中"的"诚"的功夫,其"诚"的功夫在宋明理学的理论中,是作为本体和功夫共存的,同时也是修养功夫不断进步而达到的道德境界。在论述仁义的连接内外的枢纽作用时,他说:"事之于命也,犹志之有制乎,非仁义发中不能济也……达志事之道,其知君臣之所难乎,其得仁义之几乎?"(《问易篇》卷五)内在的志,通达外在的事,其关键就在"仁义发中",就是仁义必须诚于中行之于外,合乎中庸之道。

"仁义发中"是"事之有命""志之有制"的基础和依据,其中"事之有命""志之有制"的实质就是以仁义作为处事之原则依据,以及自我衡量行为动机善恶与否、恰当与否的标准,也是以仁义为必要条件,开展修齐治平功夫的基础。以仁义为处事的原则依据,也作为衡量动机是否合乎"天道""天理"的要求。"仁义发中"也就是必须以仁义之道贯穿于行为的每一步、每一事的始终。知与行的关系在王通这里表现为志与事的关系,其详细论证也是在《问易》中:"制命,吾著其道焉;志事,吾著其节焉。"所谓"制命"和"志事"就是要以仁义制约"命",以仁义为行事的"志",即以仁义作为"命"的原则、行事的动机和出发点,王通欲以义通天理,仁义行天下的社会目标,必然要求"仁义"贯穿于其理论的始终。

王通对义的基本规定是:从道德形而上学的本体入手,树立义作为沟通天道、天理的基本条件,同时立足于人之本性,以人性作为仁义的形而上学基础——仁义之几。以仁义作为行为和动机的道德原则和依据,对内昌明仁义之善,以此衡量行事动机,诚意正心以实现处事之宜。他将处事的原则规定为制,以仁义作为原则贯穿于事的始末,事事以人为原则,便能以制达"命"——以遵循天道天理为根据,以仁义为必要过程,以修齐治平的功夫为条件,实现对天命、天理的复归。命即天理落实在万事万物之上的客观规定性,也是仁义之道流行于天下的必要要求。以仁义之道为天理,即义通天理在王通的理论中,仁义根植于人性,同时又是行事的动机、做事的原则,也是最终的归宿、目的。在"性—志—事—命—理"的结构中,义是贯穿整条线索的范畴,也是实现该理论结构各范畴之间相互诠释,相互连接的关键所在。

作为义范畴内涵中的固有矛盾,义利之辨从古至今都是儒家道德伦理学说不可避免要讨论的大问题,也是衡量和考察思想家对义范畴的理解程度的重要依据。义利之辨,在王通这里,以一种极端的方式呈现了出来。他在处理义利关系时,与以往儒家学者强调重义轻利不同的是,他将这种义利观思想的矛盾发挥到了极端——舍利取义的义利观。在他看来"天下皆争利弃义,吾独若之何?子曰:'舍其所争,取其所弃,不亦君子乎?'"(《周公篇》卷四)在天下人皆在为利而争的时候,王通独强调舍利取义,其对于仁义的坚守可见一斑。同时,从王通这种极端的表达方式,不难看出其强烈的独断性和个人中心主义,其唯我独醒、唯我独义的自我认知,不免给人以妄自尊大的印象。若仔细思考造成其为我独醒的自我认识的原因,不难发现其与先秦的孟子、唐代的韩愈有着惊人的相似。三者的共同点都是基于拯救文化危亡、忧心道之不传的社会责任意识和文化自觉,认识到这一点,我们便能理解王通的种种思想主张了。比如其大胆的三教合一说、奇特的仁义论兵说等;同时也更能理解韩愈灭佛毁寺的极端主张,以及孟子以禽兽说杨墨的情绪化表达。从重义轻利发展至舍利取义,反映的恰恰是社会道德失序、价值失范、四维不张的文化危机。王通将义利之辨的矛盾,推向了非此即彼的极端不可调和的地步,再次高扬了义作为社会价值原则和道德行为指导原则的重要意义。在此基础上,他又突出了道德行为动机和道德自觉意识在义利之辨问题上的重要性,从意识和动机上将义利做了泾渭分明的区分——见利争让、见义争为。

王通的见义争为,是对孔子的君子之争的进一步发挥;在孔子那里,君子之争强调的是切己自反、以礼相争,而在这里,他将孔子的君子之争的道德性和自觉性再次拔高,阐发为道德修养上的自我完善。"君子有争乎?子曰:见利争让,闻义争为,有不善争改。"(《魏相篇》卷八)由争利转变为争义,王通树立了以道德为核心的另一套价值标准,突出了道德对现实生活的指导意义和超越意义。如孟子的"天爵"和"人爵"的区分,强调了道德意识和道德原则的崇高性和指导性;王通由舍利取义进而发展为见义争为,无疑是对儒家伦理道德思想在修养功夫上的进一步发展。同时,他在修养功夫方面,将见义争为与孟子的"由仁义行,非行仁义"思想相结合,强调"争义"便如"如恶恶臭,如好好色"一般,需内化为人的道德本能,实现仁义在知行上的直接统一。在他看来,当"义"内化为人的道德本能,"天下皆争利弃义"的价值失范现象也就得到了改观;义利之辨的高扬,其意义就在于激发人的道德理性,唤醒人的道德自觉,进而在现实生活领域,实现儒家道德价值体系的重建。

在见义争为的基础上,王通将义利之辨继续在个体道德修养功夫上展开。他着重阐发了义在自律和推行上的独特意义。首先王通强调争义在性格上的要求为刚毅、强健，他认为义的发用流行，体现在个体身上就是刚毅果敢、慷慨大度。"知善而不行、见义而不劝，虽有拱璧之迎，吾不入其门"表现的正是自尊自重、道德高尚、性情刚毅的君子形象。他甚至进一步指出，气质孱弱、性情鄙吝之人，是义之蠹。

从道德自律和道德体认上，他将义的内化功夫，阐发为"自守"，也就是挺立道德主体意识和道德自律意识，对个体人格和价值原则的深刻体认——义。他认为"义以自守"是直内方外的基础："志意修，骄富贵；道义重，轻王侯，如何？子曰：彼有以自守也"，（《问易篇》卷五）这个赖以自守的东西就是"义"。正如孟子的"万物皆备于我"，王通的"自守"的意义便是以道德正义为标准，超越现实名利富贵等价值观，坚守以道德为基础和核心的价值原则。从修养功夫上说，"自守"即是自我防检、自我约束的自律原则，也是进行诚意正心、修齐治平的思想前提。王通这一思想，恰恰与其舍利取义的义利之辨思想相一致，同时也在理论上，构成了义利之辨的理论基础和功夫落实。

同时，值得注意的是，在王通这里，我们看到了理学时期理欲之辨的萌芽，在这里他提出了存义寡欲说，在修养功夫论上将存义自守思想向前推进。"恶衣薄食，少思寡欲……今人以为耻，我则不耻也。古之仕也以行其道，今之仕也以逞其欲，难矣乎"，（《事君篇》卷三）他将道德价值原则落实于行为原则，强调了以寡欲制欲为基础的修养功夫，以防欲、寡欲、制欲为功夫，从行为原则上凸显了义作为道德原则的崇高地位。王通的寡欲思想，很明显受到了道家修养功夫思想的影响，这也恰恰与其制命思想相呼应，透露出明显的道家色彩。需要说明的是，在王通这里，儒释道三教思想并没有真正融合，性、命、道、理、气、欲等还是相互独立的思想范畴，在理论上依然驳杂，各范畴间的理论地位和关系处理，依然不够体系化，如义欲之辩并未上升至理欲之辩，性命依然分属内在心性道德和外在客观规律两部分，性情说没有发展为情欲理论等。但是这并不影响其融合三教、昌明儒家的文化主张，也不妨碍其思想的启蒙意义。

总之，王通论义，在人性论、修养工夫论、价值观、政治哲学领域贯穿始末，王通对于义的推崇和强调就是为了改变儒学式微、社会风气变坏的局面，同时也在为传统伦理在困境下寻求突破。其思想进路已基本为宋明所继承，理学的天理观念也在此露出端倪，同时其义通天理、人性论、义利之辩的思想也为宋明理学继承，在传统伦理的传承上，王通实现了很好的过渡。

历经魏晋南北朝三百多年的社会动荡，儒学衰微，佛教势力增强，割据政权的统治者们，为了扩张自己的实力，对于百家争鸣的思想状况，特别是佛教这一外来宗教的强盛，采取了不同的政策，既有像"三武灭佛"（指的是北魏太武帝灭佛、北周武帝灭佛、唐武宗灭佛这三次事件的合称）这样的极端做法，也有如北魏孝文帝所推行的和平包容的汉化政策，对于大一统下的隋唐统治者来说，实行怎样的思想文化政策，是一个关乎社稷长治久安的大事。与此同时，传统儒家思想的正统地位受到严重威胁，有着远大抱负又处于儒佛道三教争衡碰撞、思想动荡时期的王通，为他的学子们指明了立身救世的宽广大道：夷夏和处、三教合一。王通这种开放的胸襟与包容的气魄堪称大唐精神的先声。

### (二) 韩愈：义排佛老

王通对于儒学命运的思考深刻影响了唐代的诸多学者，而韩愈便是唐代诸多学者的代表，他在唐代佛道日益壮大，儒学难以昌明，三教矛盾日渐尖锐的时代背景下，基于儒者的责任感和忧患意识，提出了三大主张：倡导古文运动，呼吁恢复儒家经典的社会文化地位和政治、宗教、教育等领域的思想指导地位，发挥其正人心、通天道的作用；建立道统，以此来凸显中华文明的历史传承性和发展上的一贯性，与佛家传承体系相抗衡，揭示儒家思想的精神特质和文化根源地位；灭佛排道，以极端态度，破坏佛道宗教存在的现实基础，实现儒家思想独尊的要求。从义思想本身来说，韩愈的贡献在于他重新为义下了定义，并以简单直接的方式，将其直接作为修养功夫原则，他的做法一方面在理论上扩大了义的适用范围，凸显了义这一概念在儒学中的地位，另一方面也将义作为道统的核心范畴，彰显了义的理论地位，强调了义范畴作为儒家伦理道德思想体系的核心范畴地位，以及义范畴发展变化的历史连续性和文化根源性。

韩愈作为唐代著名思想家、古文运动倡导者、儒家道统提出者、儒家道学的肇始者,其哲学史地位,在于从他这里开始,儒学真正开启了由汉代经学向宋明理学的过渡和转变,义范畴的发展,也开始逐渐从具体道德教条和社会事务中脱离,逐渐发展为道德形而上学范畴。总体而言,韩愈对义思想的贡献,基本包含三大部分:含义的重新界定、纳义入道统、以义排佛老。从韩愈的理论贡献不难看出,此时儒学发展面临的主要矛盾是宗教冲突下的时代性转型,尤其理论转型。

韩愈对义范畴的界定,与理学家们相比,更显通俗易懂。他在《原道》的开篇直接谈仁义:"博爱之谓仁,行而宜之之谓义,由是而之焉之谓道,足乎己无待于外之谓德。仁与义为定名,道与德为虚位。"韩愈的《原道》篇,其目的是为了阐发和揭示道的本原意义和思想内涵,把握道之真意。从韩愈对道的定义看,其思想理论的易简性和通俗性特征尤为明显,在他看来,"道"的本原就是仁义——"由是而之焉之谓道"。韩愈的思想体系建构比较简单,因而对于义的定义在理论上显得粗糙,这是由其理论的目的性决定的;韩愈论道,其目的就是想通过"原道"来建构一个"道统"的体系,以此来对抗佛教和道教给儒学带来的危机,因此韩愈对于仁义道德的建构不可能像后来的理学家那样展开宏大的体系;同时值得注意的是,由于儒家思想在形而上学建构上的先天不足,以及韩愈的极端异教排斥立场,他也不可能如宋代思想家们那样"初入佛老,返于六经",广泛借鉴佛道的思想和方法。

韩愈开宗明义对仁义道德下了定义:仁,即是博爱,从范围上讲就是无所不爱；义就是恰当地行事，宜是适宜，韩愈对义的理解，显然过分侧重于其适宜性含义；而行而宜之，便是指面对当下事物，立足于道德原则和标准，做出最适当的行为判断。在韩愈这里，仁义摆脱了如汉代经学家一样的烦琐考证，变得简单明了。由仁义为核心理论，来对道德下定义，即韩愈所说的"由是而之焉之谓道"，"是"毫无疑问是指仁义。由此可见，韩愈所谓道，便是由仁义出发，践行仁义，最终实现仁义。德是以行仁义为基础，建立的一整套自我价值标准，"足乎己"也就是以自我价值判断为基础，建立以自我为基础的道德主体地位；"无待于外"便是强调主体的独立性和主动性。由此观之，韩愈的"道德"的内容便是"仁义"，"仁与义为定名，道与德为虚位"的论断，突出的也恰恰是儒家道德理论核心范畴——仁义独特性和基础性的理论地位。需要指出的是，定名即是恒定而常在的理论范畴，在这里涉及儒家长期存在的名实关系问题，定名在这里实际上要表达的是实在性内容——循名以质实，名实必相符的儒家一贯主张。以仁义为"定名"，其目的是要强调仁义在区别佛老思想，树立儒家社会文化地位上的理论意义。因为佛老并不讲仁义，作为儒学所固有的范畴，以仁义为定名，就是要在思想理论上确立儒家思想的独尊和指导地位。"虚位"即是内涵上空虚无实，形式上客观存在，虚位在韩愈这里，其实是在说明道德作为儒释道三教共同使用的理论范畴，虽然含义各有不同，但是道德作为纯粹形而上学概念，在内涵上是没有道德实质性含义的。在韩愈看来，佛老和儒家虽然在其所使用的"虚位"范畴——道德作为最高理论范畴上是一致的，但是它们的区别就在于"定名"——实质含义的不同。儒家以"仁义"为"定名"，佛老均强调"绝仁弃义"；儒家仁义，是立足于社会生活和家庭伦理的，是以肯定世界的价值性存有和人的主观创造性为基础的，佛老则是以否定世界的价值性存有，以逃避现实的态度，从虚空无着处立足，在指导社会生活和道德实践上，不存在实际指导意义。因此韩愈强调"仁义"就是为了从理论上和佛老划清界限进而批判佛老的。

　　作为"定名"的仁与义之间的区别在他看来也是明确的，因为从定义上讲"博爱"是内在的情感，属于内在心理和情绪性活动；而"行而宜之"的适宜，是外在的做事效果，虽然它也以内在化的道德原则和判断标准为基础，但是它主要强调的，还是外在的行为效果。仁义的这种内外差异，虽然偏离了孔孟一贯主张的仁义内在的论断，取消了义作为内在情感、心性等方面的主体性基础，有道德他律的理论危险，但是我们必须看到韩愈的这一论断的理论进步意义——它使得仁义成为联系内外、通乎物我的内外一贯性理论结构，为"道"寻求一个内在性形而上学的依据和外在性道德实践的落实。

　　在着重强调仁义与道德之间联系的同时，韩愈仍然没有忘记儒家道德思想的理论基础——人性论。从人性出发来建构思想体系是儒学一贯的传统，而在韩愈这里，其人性论显然与孔孟所强调的，以情感为基础、以道德自觉和道德理性为依托的人性论思路不一致，韩愈对"性"的定义是"性也者，与生俱生也……其所以为性者五：曰仁、曰礼、曰信、曰义、曰智"（《原性》），显然韩愈是从生成来源上界定人性的，虽然他将仁义作为人性的内容，但是其思维独断性和人性论的先天性理论危机，难以避免。仁义，在他看来，是人之与生俱来的道德能力，也是作为道德原则和道德意识自觉的关键性范畴，他从人性出发来论证仁义礼智等等儒家道德范畴的合理性，同时也着重强调了仁义等道德范畴对现实生活的指导作用。韩愈对义范畴的这种规定，不仅从道德形而上学上为仁义寻求到了理论的本原，同时也将之拔高到道德形而上学本体论的高度；在使用佛道共同的范畴揭示彼此差异，并从本体本源的层面，揭示了儒家对现实世界的价值肯定态度这一儒家的本质特征，以仁义为理论核心范畴，凸显儒家思想的现实指导意义和自身的理论圆融。

韩愈不仅仅将仁义作为其理论的核心范畴，同时也将这一范畴作为儒家自古相传的核心精神，以此为基础，建立了儒家的思想传承和发展体系——道统。

韩愈重新界定仁义道德，其目的便是重新揭示儒家思想和文化精神本质所在，并据此梳理儒家文化（而非儒家经典或师承关系的历史线索）的精神传承脉络，凸显儒家作为中华文化基础的重要地位和作用。因此，韩愈论道，便直接指出其"道"的独特性，"斯吾所谓道也，非向所谓老与佛之道也。尧以是传之舜，舜以是传之禹，禹以是传之汤，汤以是传之文、武、周公，文、武、周公传之孔子,孔子传之孟轲,轲之死不得其传焉",在韩愈看来,他的"道"就是儒家文化和儒家精神的精髓所在,也是中华文明的根本所在,而非佛老所谓玄之又玄、虚幻缥缈的世界本原。韩愈将儒家这种精神文化的传承体系称为"道统";而他自己,便当仁不让地成为继孔孟之后,千百年来失传的"道统"的继承者。他从强烈的文化责任感和危机感出发,以先觉者的姿态和卫道者的形象,自觉承担起继承道统的历史重任。"子韩愈之贤不及孟子,孟子不能救之于未亡之前,而韩愈乃欲全之于已坏之后,……虽然使其道由愈而粗传,虽九死万万无恨"。(《原道》)

韩愈的"道统",从外延上看,包含的内容太过庞杂。从内在的仁爱之心,到外在的伦理、生活各个方面,均在其"道统"的范围之内,"其文诗书易春秋,其法礼乐刑政,其民士农工贾,其位君臣父子师友宾主昆弟夫妇。其服丝麻,其居宫室,其食粟米果蔬鱼肉"。(《原道》)由此可见,韩愈其实是在将儒家的文化思想内容,通通囊括进"道统"统摄范围之内。从内涵上讲,韩愈所言的"道统"是孔孟相传的仁义之道,而就外延来看,则涵盖社会生活和文化生活的各个方面。作为"道统"的核心组成部分,义范畴所代表的,恰恰就是社会生活和文化生活的方方面面的价值判定原则和行为指导原则,在韩愈这里,义范畴由道德形而上学的纯理论范畴,重新复归具体的现实生活。也正是由于这一点,韩愈在义范畴方面,对以往思想家的超越和对后来思想家的继承,得到了很好的体现。他将社会生活的方方面面都纳入义范畴理论作用范围之中，在扩大义范畴作用和理论外延的同时，对以往思想家对义范畴的规定——局限于"是非之心"和当然之则等内在情感性、外在效验性规定——实现了极大的理论突破。韩愈的"道统"思想，对义范畴发展的贡献，在于他首次揭示了义范畴作为儒家理论核心和"定名"的理论地位和作用，凸显了义范畴在儒家道德伦理思想和道德形而上学上的价值。

韩愈建立了儒家道统，并以道统继承者自居，其深层原因自然是对儒家思想的价值认同，以及强烈的社会、历史责任感和使命感，但其直接原因，却是反佛排老。反对佛道两教，坚持与两教做思想和实践上的斗争，是韩愈的一贯风格，而值得指出的是，无论是在思想理论上，还是在生活实践上，韩愈的反佛道态度都是激进的。在思想上，他指出佛道发展对社会产生的伦理、财富、政治、文化、生活等方面的恶劣影响，同时他还以最激进的态度，要求僧人和道士还俗，毁寺院道观、焚两教典籍、清查佛道宗教财产等；在政治生活中，他更是多次上书，反对最高统治者礼佛、尊佛，其中最为著名的事件，便是谏皇帝迎法门寺佛骨事件。

当时，京城凤翔法门寺有护国真身塔，塔内有释迦牟尼佛的指骨一节，长期在寺内供奉。而唐宪宗十分推崇佛教，作为佛教虔诚信徒，他希望能迎佛骨入宫，亲自供奉。因此唐宪宗令中使杜英奇押宫人三十人，持香花，赴临皋驿迎佛骨。自光顺门入大内，留禁中三日，乃送诸寺。王宫士庶，奔走舍施，唯恐在后。百姓有废业破产、烧顶灼臂而求供养者。韩愈素不喜佛，敢怒敢言，在这种举国迎佛骨的情景下，更是愤而上书，一气呵成，作《论佛骨表》。在奏疏中，他先是举例说佛未流入中国前，历代君王都是长寿，百姓也是安乐寿考，从而说明国家不需要对佛的祈求。然后从汉明帝时期佛教传入中国说起，皇帝们的寿命开始缩短，国家也愈发动乱不安，从而说明信奉佛法，不仅不能国运长久，长命百岁，反而会亡国短命。最后说佛本夷狄之人，与中国言语不通，衣服殊制，不道先王之法，不知君臣之义、父子之情，与国家的现实不符，是不应该奉迎的，佛骨不仅不能给国家带来祥瑞，反而是国家的祸端。

刚毅正直的韩愈以例证和理证来表明自己的态度和立场，竟不惜以"皇帝短命亡国"来说明崇佛教、迎佛骨的危害，这是何等的敢言啊。他虽心怀天下国家，毫无畏惧，但其激烈尖锐的言辞最终激怒了唐宪宗。当时大唐盛世气象早已不复存在，尤其自唐太宗时期创造的从谏如流的王者气度也早已不复存在，唐宪宗因其远不及太宗的智慧，仅仅从奏疏中看到了逆耳的言辞，以及对他深信不疑的佛教的污蔑，根本读不懂这激烈尖锐言辞的背后所蕴含的饱满的爱国热忱和对社会正义的呼唤。最终韩愈失败了，他失败的后果是被远贬潮州——充满危险的不毛之地。韩愈已过"知天命"之年，追忆其半生悬梁刺股的求学之路、破碎零落的家庭、满怀家国圣贤的责任担当、坎坷失意的政治生涯、壮怀激烈的报国热忱，他的内心满是悲愤凄凉。一首《左迁至蓝关示侄孙湘》，将其心中的百味杂陈刻画得淋漓尽致："一封朝奏九重天，夕贬潮州路八千。欲为圣明除弊事，肯将衰朽惜残年。云横秦岭家何在？雪拥蓝关马不前。知汝远来应有意，好收吾骨瘴江边。"韩愈的个体悲剧，反映的是一个时代的悲剧，同时也是社会正义和儒家文化的悲剧。而这悲剧，也恰恰给后世儒者指明了道路——哲学的超越。儒学自汉代以来，在谋求与政治权力合作的过程中，经历了两汉神道设教的宗教式超越的失败、魏晋任性纵情的审美式超越的失败、隋唐三教鼎立的融合式超越的失败，最终摸索出真正适合时代需要的发展进路——哲学式超越，从而迎来了儒学发展的又一大高峰，形成了儒学的新形态——理学。

韩愈以义来规定道德，将义阐发为道德的核心范畴，由此建立了以儒家仁义思想为核心的道德体系，在理论上实现了与佛道的区分。同时他又以仁义这一儒家真精神为线索，发展出了上溯至尧舜、下承继于自身的儒家思想传承体系，从而确立了道统，开启了儒学道统的先河。同时他以仁义为思想出发点，建立了纯儒家立场的道德哲学体系，而这一儒学发展进路，也很好地为宋明理学家所继承，其义思想也成了理学义思想的一大源头。韩愈的义思想的形成，扩大了义的应用范围，确立了道统，很好地完成了隋唐时期儒学的传承和寻求理论突破的历史任务，为宋明理学的大成做了充足的理论方面和社会生活方面的准备。

## 二、德性与政治

隋唐时期，儒学开始走进总结和转型期，宗教矛盾、经学总结、理论突破、现实落实四者构成了隋唐儒学的主要方面。相对于王、李在宗教矛盾和理论突破上的贡献，唐政府对义范畴发展的贡献在于对经学总结和现实政治生活上的落实；前者体现为《五经正义》的编纂，后者集中体现在《贞观政要》中。《贞观政要》作为对太宗时期的政治艺术和历史经验的总结，体现了儒家的道德伦理与政治思想对唐王朝的理论资源贡献，同时充分呈现了义范畴在唐代政治和伦理上的积极作用。隋唐时期，义范畴作为道德原则和政治指导原则，其积极作用大致可以概括为君臣之义、帝王之德、义与刑罚三部分。

### （一）君臣之义

唐代尤其太宗时期的贞观年间，对君臣关系的处理堪称后世楷模。体现在政治思想上，在君臣之义方面，义范畴突破了以往臣对君的单方面义务——忠义，开始转向君臣相互责善之义。这种相互责善的关系，以保国济民为基础，君对臣的义务是以仁待下、公正任免、不罪谏臣；臣对君则是尽忠职守、直言责善、保国忠君。唐太宗的英明纳谏事迹不胜枚举，他与魏徵的君臣关系，更是成为千古佳话。在他看来，君臣关系应当是一体同气的，从历史经验看，古来君主无道，行事不合仁义，君主自身固然难逃其责,臣子也负有不可推卸的责任。"非是炀帝无道,臣下亦不尽心。须相匡谏,不避诛戮,岂得惟行谄佞,苟求悦誉?"(《贞观政要》)君臣关系,在他看来应当以道德原则和政治统治规律为基础,避免君臣在权力上的上下关系和单方面义务,双方应当在人格平等、权力制衡、互相监督的基础上相互责善、相互帮助。

唐代统治者基于这种对政治统治文化的认识,对政治权力结构也做了较大的改革,三省六部制的创立,对于以往皇权—相权的两极化权力矛盾问题,做出了很好的解决。唐代统治者基于对历史经验教训的总结,对国家政治权力有着较以往更为深刻的认识;他们首次将国家正义和社会正义直接赋予人民,解构了以往君—天—民的神权式正义结构,建立了君—民二维矛盾解构,将统治者对人民的间接义务,转变为直接义务。在太宗这里,国家统治权力开始初步实现来自自身和被统治者的制约与监督。唐初君臣一体、同气连枝的君臣关系出现,这是受到了这种政治文化转变的影响,这种积极的影响表现在具体政治生活上,便是君主固守为君之义,谦虚纳下、从善如流、不责谏臣;臣子则当坚守为臣之义,直言进谏、忠于职守、不避死难。太宗时期的君臣关系,体现了儒家文化中的君臣关系的理想状态,也体现了义范畴在国家政权和政治生活中的指导意义和价值影响。其中发生在唐初的进谏事件,便充分体现了这种君臣互保的大义。

贞观初年,唐太宗爱女长乐公主出嫁,太宗出于对长乐公主的疼爱,特地下诏增加其陪嫁物资,赏赐的陪嫁居然超过长公主一倍。此事原本属于皇家私事,而谏臣魏徵认为此举破坏礼仪、有失公平,且有悖于长幼尊卑的礼法观念。魏徵特地指出道德和政治原则——"情虽有殊,义无等别"的公正原则。正是魏徵以义制人主之情的劝谏行为,契合公平正义的原则,所以太宗虚心接纳劝谏,并收回诏令,而此举也使得魏徵的直言能谏之名日渐盛隆。

魏徵直言进谏、大公无私的行为,难免给人以假公济私、沽名钓誉之嫌,故而没多久,魏徵被人告发有庇护朋党、维护亲戚等损公肥私的行为。太宗出于对魏徵的信任和爱护,责令有司详加核实;经查实,魏徵在政务处理方面确实没有私心,更不存在损公肥私、包庇亲戚等行为。太宗为魏徵考虑,特意下诏进行劝勉,责令他检点自身行为,避免为人所嫉、授人以柄。太宗对魏徵的爱护之情,得到了魏徵的理解,魏徵同时也意识到自身的责任所在,为人臣必须正道直行,公义为先,以直行事,张扬便在所难免。因而魏徵在对太宗的回书中强调,为人臣的责任在于公道行事,以正义为先,若着意于圆滑行事、不为人嫉,则会影响国家政治秩序和国家兴亡。

太宗此时也理解了魏徵直道行事、不着私念的公义之心,表达了自己对责令魏徵检点行为的悔意。君臣这段简短的交流,充分体现了为君以仁、为臣以义的君臣一体关系。太宗以仁义、爱护对待直言犯上的臣子;臣子以公义、正直恪尽职守,为君分忧,很好地诠释了唐代君臣互保、互勉、相为匡救的君臣大义。尤其值得注意的是,从《贞观政要》的记载中可以看出,魏徵已经清楚认识到了为臣之道的转变，即忠臣和良臣的区别。忠君在他看来恰如孟子所言的妾妇之道事人，良臣则是正道直行，公义为先。

忠、良作为一对矛盾出现，背后蕴含的意义在于政治文化和政治权力重心的转变。正如前文所讲，君—天—民的政治哲学结构崩溃，君—民二维政治结构的确立，必然要求新的政治哲学和政治文化作为指导。儒家作为国家政治哲学的最重要思想资源，必然以新的形态重新建构政治哲学思想体系。君—民政治结构的稳定，自然要求新的政治实体——臣的出现，由三者在政治上建立稳定结构。唐代科举取士数量的扩大、寒门士子的大量崛起和录用、士族门阀贵族的逐渐没落、政权权力制衡局面的形成和制度的完善，无疑证明了新的政治文化正在不断生长。君—臣—民政治结构的建立，出于新的政治结构稳定的需要，中间阶层的扩大自然是历史发展的必然。在文化上，神权政治的淡出，社会正义和公义的实现便落实于中间阶层——臣的身上。社会正义、政治公正、人格平等、发展公平的家国大义，在逐渐摆脱神权和皇权的束缚之后，其自身的光芒正在逐渐闪现。社会公义的实现，在儒家这个以伦理道德为本位的思想体系中，被表现为以普遍化道德伦理思想为基础，建立以仁义为核心的社会道德原则和法律原则，而这一点，体现在政治关系上，便是君臣大义的互保互救。

## （二）教子以义

唐代虽然形成了完备的律法和政治体系，但是封建帝王专制本质不可能被改变，由于其从根本上讲属于人治，因而统治者执政理念的持续落实，并不能通过制度来实现，而是通过对储君的教育和培养来延续。对储君诸王教育的重视由来已久，然而每个朝代甚至每个统治者，对诸王子的教育内容都各有不同。初唐时期，由于统治集团内部出现了大规模的总结隋亡教训思潮，使得唐代统治者尤其重视对执政理念的思考。唐初的执政理念，集中体现在《贞观政要》这一政治学著作中。执政理念中，唐代尤其重视义的作用，无论是仁义还是礼义，在执政理念中都有着重要的位置。对于仁义，唐太宗强调以仁政爱民、保民，他以水和舟比喻君民关系，强调王子储君需要视民如伤、爱民如子；对于礼义，唐太宗在诸王子之间着重强调储君与王子之间的尊卑关系，从制度上杜绝曾经发生在自己身上的皇室内部争斗事件。

儒家思想作为唐代执政理念教育内容的主要来源，对唐代统治集团在价值认同上的影响也颇为深刻。在王子们的教育问题上，谏臣们尤其重视对儒家礼法的继承。太宗时期的名臣褚遂良，针对唐王朝初期统治集团内部的主要矛盾，在总结隋亡教训的基础上，提出了"太子诸王，教以义方"的教育方针。所谓义方，主要是指忠、孝、俭、恭等德目，其侧重点在家庭伦理生活；虽然从《左传》记载开始，教以义方的对象都是最高统治继承者，但是其立足点一直以来就是道德人格的健全和家庭伦理关系的处理。褚遂良这一建议，切中了唐王朝初期政治集团内部的主要矛盾——执政理念多元化、家庭伦理危机化、道德政治分离化。褚遂良以儒家义范畴为主要内容，以儒家道德教育来树立诸王子健全人格的基础上，潜移默化地影响其执政理念。同时，针对王子之间争斗和家庭伦理危机的出现，褚遂良建议重礼法、名尊卑，以家庭伦理制度化的方式，避免由王子引发的政治危机出现。

在唐代执政理念中，对义范畴的重视和吸收，还体现在对道义的重视。虽然道义是当时常用的思想词汇，但是由于唐王朝的思想多元化和儒学的发展相对薄弱，道义一词的儒家思想成分并不显著。道义主要诉诸个体的信仰和文化认同，因此表现在唐王朝执政理念上，也呈现出多元化的特点；道义的使用，反映了儒家文化与其他文化之间的对话交流，同时也是义范畴逐步突破儒家旧思想束缚，谋求新内涵的体现，同时在唐代执政理念和储君培养的教育理念上产生了重要的影响力。

### （三）仁义与德刑

唐代治国以仁义为本，既是对历史经验总结的结果，同时也是唐王朝在长期政治实践中不断探索的结果。在《贞观政要》中，唐太宗曾说："古来帝王以仁义为治者，国祚延长。任法御人者，虽救弊于一时，败亡亦促。"通过对仁义为本和以刑罚为本的效用对比，直接得出治国以仁义的结论，与其说是得出结论，倒不如说是提出问题。为何以仁义治国，则国运长久，以刑罚治国则速亡？这个问题，在不同的政治哲学理论中，会得出不同的结论，但是在政治哲学理论并不发达的唐代，无论是统治者还是思想家，对这一问题的认识,总是从政治生活的具体事务出发,依靠经验总结和直觉体验等简单方式获得,我们需要重新回归其政治生活视域,以此来理解当时的人们对于仁义的阐释。

仁义为治国之本的首要内涵,是长久积累、不可偏废的。因为仁义首先是道德范畴,政治哲学范式和道德形而上学范式之间的差异性,决定了义范畴作用发挥的间接性,因为不可能如法家严刑峻法那样立竿见影。仁义作为长治久安之术,既需要不可一日中断的坚持,同时也需要耐心和远见,不可求速成。仁义治国在这里体现为选官任贤、治民以惠、德主刑辅三个部分。

仁义为本,表现在选贤任能上,贤能的标准便成为对儒家文化的理解和践行,所谓选贤任能便是任用儒臣,而非凡事以律法为先,处处苛责于人的法术刑名的俗吏。以道德为基础的人才观,是以人治为基础的封建社会的必然产物;而以儒家仁义为标准,无疑体现了儒家文化和道德价值观根深蒂固的影响力。

以仁义治民,主要体现在以义正身、秉持公义、博爱广惠、爱民利民。博爱与正义原则成为治民之要,这是古已有之的现象;唐代重新提出是因为他们明显感受到了统治者与被统治者——君民之间关系的变化发展。先秦两汉治民提出仁义,其理论依据是家国一体的政权结构和天民一致的社会信仰,以仁义治民观念更多的是作为个人修养和道德自觉的组成部分提出的。唐代重新提出仁义为本的治国方略,显然是基于更高的历史认知和道德自觉,仁义为本由原来的道德自由,借由政治结构和文化的转变,逐渐向社会责任和义务转变。

德主刑辅作为儒家一直以来的政治哲学命题，在唐代被表述为仁义为本、刑罚为末，刑罚不仅仅作为仁义治国的补充，更是仁义落实在社会管理上的必要表现，仁义作为道德观念在政治哲学中的镜像投射，在与奖惩范畴结合之后，产生的机械式融合反应。因此，仁义为本、刑罚为末的治国理念，在行政手段上体现为宽简量刑、慎刑恤典；在政治文化上体现为视民如己、爱民以诚。"为国之道，必须抚之以仁义，示之以威信，因人之心，去其苛刻。"（《贞观政要》）

仁义抚民，除了作为行政指导原则之外，更重要的是要在社会范围内，营造人际间的仁义氛围，改善社会风气和文化心理，重新确立儒家道德伦理思想在社会范围内的影响力。以仁义为核心，建立社会道德氛围，消除数百年由于严重社会矛盾造成的道德失范和社会恶习。

仁义为本，强调以仁义之心来重新考量施刑，即以谨慎态度和博爱恻隐之心来慎刑恤典。同时要轻徭薄赋、爱惜民力、治民以惠、不施聚敛。基于对隋代速亡教训的总结，唐初君臣认识到国之兴亡，不在聚敛，而在富民。他们将儒家"百姓足，君孰与不足"的古训重新加以考量，将义利关系在治国理念问题上重新考量，发挥了其积极意义。

值得注意的是，唐代君臣基本都称不上真正意义上的思想家，他们在理论思辨和观念论证上显得不够严谨，但是他们通晓人事、熟谙政治、勤于思考、勇于探索，凡论事往往切中要害、分析具体、经验总结到位，从自身的道德自觉和历史责任出发，使仁义思想在政治领域发挥了积极的影响。同时也正是由于唐代所处历史、文化、政治的独特历史阶段，使得他们对事物的认识主要体现在实践探索上，而非抽象思辨和理论建构上；也恰恰因为此，它为后来的宋代思辨性哲学的发展，提供了丰富的经验教训和理论资源。

第六章

# 两宋时期的义思想：义通天理

隋唐时期，由于注疏式解经以及其他社会因素导致的经学地位的普遍衰落和内在理论危机以及佛、道两教社会普遍蓬勃发展带来的理论挑战和社会文化宗教环境挑战，儒家哲学遭受了前所未有的危机。为应对这一普遍危机，从唐中期开始就有韩愈、李翱、刘禹锡等一批知识分子以其担当意识主动承担起复兴儒学的重任，开始了对儒家哲学的理论新探讨和儒家哲学新诠释。尽管他们的做法略有偏激，尽管对于危机缺乏全面系统认识，但是他们毕竟迈出了探索的第一步。"义"范畴在这一时期的发展微乎其微，除韩愈对其内涵做了重新阐发外，几乎没有思想家对其内涵做理论上的反思和新诠释，由于缺乏对面临危机的全面、客观、理性认识，义范畴无论是从内涵还是作用对象范围而言，并没有获得实质性发展。

在儒家哲学所面临的问题经历数百年的沉淀之后，到了北宋时期，已经为思想家们清醒认识；同时北宋时期，由于宋朝廷对文教尤其对儒学的重视，儒家哲学在获得大发展的同时也迎来了其理论转型的历史性机遇。在宋代,随着政府对儒学的重视,儒学地位逐渐上升;同时社会各种矛盾出现和激化,在对儒家思想造成一定程度冲击的同时也催生了其内部理论的分化,为其多样化发展提供了社会基础;宗教矛盾导致的三教冲突,在理论层面导致儒释道三教的冲突与融合以及理论上的相互借鉴,在社会传播上和流行上矛盾逐步缓和。这一时期儒家哲学以及义范畴所面临的问题包括经学研究义理化转变、思想理论合理化论证和体系化建构、对于社会经济政治等问题的理论回应、与佛道的宗教论争、新理论方法的寻求和传统理论方法的批判等问题,而这些问题以及此问题的解决造成了儒家哲学新形态——宋明理学的出现。

与两汉到魏晋时期经学思想家注重家法和师法不同,宋代儒学一改之前文字训诂等解经方式,改为重视对理的理解诠释和阐发。由重义理而逐渐导致门派区分以及学术地域性差异,无论是理学、心学、气学、功利学等由于理论不同导致的差异,还是濂学、洛学、关学、闽学、蜀学、浙东学等地域性学术派别的差异,都体现了宋代儒家学术发展的特点。同时,宋代思想家们还重视学术思想与社会实践之间的紧密联系,从对现实问题的关注、反思、解决中寻求理论的突破。以"义"范畴为例,从周敦颐对道家"太极图"的借鉴创发《太极图》和《太极图说》来说明"义"这一"立人之道"地位的重要性,到张载新气学出现并从"民胞物与"的角度来说明"义"范畴的作用对象范围的广泛性;从二程以"公私之辨""义利之辨"将"义"范畴关注重心向社会秩序合理性的反思和知识分子责任心及其自我定位方面转移，到朱熹以"天理"为"义"的最高依据来评判、制定和规范社会秩序、解决社会问题；从陆九渊以"本心"论"义"，来彰显人的道德主体性，破除以往道德知识和传统解经方式对人认识道德、体验道德、实践道德的束缚，到叶适直接以"利"来论"义"，强调工商皆本，论证个人谋求利益的正当性。从这一发展过程不难看出，"义"范畴与社会问题和社会实践结合越来越紧密；同时也反映了儒家经典解释方式由"我注六经"的传注式解经方式，逐步向"六经注我"的义理式解经方式转变，儒家哲学的理论性越来越强，抽象程度较以前而言亦越来越高，随之而来的新问题就是理论越来越脱离现实。从现实问题敦促理论革新，到理论紧密联系现实问题以求突破，再到理论化抽象化程度越来越高而逐步脱离现实，这一矛盾悖论现象的出现在为我们的学习和研究带来困难的同时，也内在蕴含着儒家思想及其内在概念范畴发展规律。"义"范畴在两宋时期的变化发展，呈现出的特点是多种多样的，同时它的变化和发展也反映了儒家哲学乃至于中国哲学发展规律的特殊性以及概念范畴在哲学体系中的特殊地位和作用。

义范畴在宋代的发展变化，从时间和理论体系上，大致可以分为三个部分：程朱理学、陆九渊心学、浙东事功学。三者虽然同出于二程理学，但是它们却独立发展出了自己的哲学理论、修养工夫论以及经典诠释方法，对义的理解也各有侧重，理学立足于儒家经典，以玄理诠释为手段，倾向于建立庞大而无所不包的道德思想体系；心学则立足于人的道德直觉，以人的直觉体验和道德理性为基础，统摄道德情感和能力，倾向于舍繁就简（舍弃名理考究，在道德上讲究直指人心）的道德当下自觉；事功学则立足于社会事业，以儒家外王思想为基础，舍弃儒家心性论的一贯发展模式，倾向于建立现实功业。儒学在宋代的三种迥异发展路径，是社会矛盾变化以及儒学自身反思性发展的必然呈现；儒学由统一性的理学体系开出心学和事功学，主要反映了个体的社会角色和认识能力的觉醒，是儒学由大一统、精英式发展模式向市民化、哲理化转变的体现。而义范畴，在三种不同的思想体系中，也得到了完全不同的诠释。

两宋时期同以往时期的不同在于"理学"的兴起和形成，理学的源流可以上溯至唐代，唐后期便已经有了理学倾向，它发展并流行于两宋。理学的兴起有着独特的历史背景，那就是由魏晋隋唐时期以贵族阶层为社会重心转变为以平民阶层为社会中心，同时文化的重心也下移，由精英文化向平民文化转变。而在此时，儒学的复兴经由隋唐时期的努力，终于形成了普遍的社会风潮；同时学术研究的兴趣也由汉代以来的经学向疑经转变，逐渐摆脱了注经解经方面的诸多束缚，其研究兴趣向义理的方向转变；同时魏晋隋唐时期的三教冲突和矛盾，促进了儒释道之间的相互了解。在这一时期，三教走向融合，在这种状况下，义理之学兴起并迅速成为一种社会思潮。正是在这种文化思想大背景下，义范畴的哲学性转变也悄然展开。

理学家们在宋初便开始了义思想在理学上的建构工作，他们从不同的方面对义展开了论述，并由此建立了自己的理学体系。宏观来分有自周敦颐至二程到朱熹的理学体系，陆九渊的心学体系，张载的气学体系以及叶适、陈亮的事功体系。这四个体系各有侧重，分别从不同的角度对义思想做了阐发。

理学作为宋明哲学的最重要理论形态，也是心学和事功学的渊源所系，它奠定了整个宋明哲学的话语体系和理论基础，同时其问题关注的广泛性、深刻性也在深刻影响着宋明哲学家们的思想和学术。宋代理学主要代表人物是二程、朱熹，虽然三人的理学思想各有不同，但是对义范畴的认识和把握，在思想进路上表现出了明显的一致性。其对义范畴相关问题的关注和思考，基本奠定了宋代义范畴相关命题的基本格局。

## 一、二程：天理之义

天理作为二程兄弟"自家体贴出来"的哲学范畴，从一开始便是作为理学的最高范畴存在的。理学论义，必以天理为开始、心性为展开、义利之辨为落实。二程对义范畴的理论建构，也基本遵循这三个方面。

程颢（1032—1085），字伯淳，学者称明道先生，其思想以"天理"为最高范畴，通过对道德原则在形而上学上的高尚性和普遍性的理论论证，强调道德原则对于个人人格修养和形成以及社会发展的重要意义。作为理学创始人的程颢,其思想和学说真正实现了对孟子之后千余年中华道统的接续,他的思想继承了孟子注重内心体验和自我道德修养的思想特点,以温和而不失风趣的性格和光风霁月的洒脱精神境界形成了独具一格的学派——洛学,成为濂洛关闽四大理学主流思想的重要组成部分。

程颢由于重视内心生活体验和追求自得精神境界的原因,比较重视内在体悟和境界提升。他对"义"范畴的发展体现在他以"天理"作为"义"的来源和保证,以无所不包而又绝对至上的"天理"作为哲学的最高范畴,从"天理"中分化出"义理",以"义理"作为社会伦理道德的普遍原则,使"义"的原则性含义直接获得最高哲学范畴的论证;同时他以气禀为人性来说明理有善恶,强调人的内心体验对于道德修养的重要意义;以诚敬为复性功夫,强调人的道德意识的重要性和行为动机的道德规范性,从动机角度阐发义利之辨和公私之别,反映了北宋时期士大夫普遍存在的重义轻利思想倾向和重视公私之别的时代思想特点。由于程颢所留文献有限,对程颢义思想的研究仅能从哲学的形而上学的建构和心性论展开,对其经济政治生活领域的具体思想所蕴含的"义"思想不做展开。

(一)天理与义理

程颢把"天理"作为哲学最高范畴,将"天理"作为贯穿自然生成变化和社会发展变化规律的普遍原理——"所以为万物一体者,皆有此理",(《二程遗书》)并把"道统"之"道"与"天理"之"理"相统一,彻底确立了天理作为哲学最高范畴的地位。

程颢直接将自然发展规律、社会发展规律、性理、正义等,以"天理"统一起来,所当然之则、所以然之故、自然事物固有规律、人类社会应然发展趋势这些完全不同的内涵被直接加以统一。天道、物理、性理、义理四重内涵,基本囊括了理论的各个方面。"天理"作为四重含义的统一,是他在对传统"天"的改造基础上形成的,他将"天理"取代天,实质上消除了天的人格神含义,以自然之天(天道)、义理之天(义理)取代主宰之天和运命之天,"天者,理也。神者,妙万物而为言者也"。(《二程遗书》)在"德福一致"这一伦理学隐含的前提预设下,人的善恶行为所获得的结果——善恶之报的不对应性矛盾,程颢破除其天命演变而来的命定论,将之归于不可知的不确定性"幸与不幸"。"天理"在适用范围上获得了普遍性含义,在自然规律基础上获得了客观性含义,同时作为天人、万物的统一体它又获得了最高原则和范畴的含义。

性理作为天理的一部分,在程颢看来应当是人的道德本质规定性,性理作为道德本质的原因,要归结于程颢对人性的规定。程颢认为人性即是生之谓性,善恶都作为人性的组成部分,"理"既对善负责也对恶负责;气禀的不同导致人性善恶的不同,理作为气的规律性概括自然也有善恶之分。性理在程颢这里作为人的道德本质规定性,其中已经隐含了理性的含义。以往对于人性论的论证都是强调情感性等非理性因素作为道德本质,无论是四端之心还是贪仁之别,无论是喜怒哀乐未发还是饮食男女之欲,其非理性含义都是明显的;然而程颢这里将"天理"作为其哲学体系的最高原则,虽然天理贯穿于万事万物之中,但是形上形下的区分和形上的价值优先性传统,还是将形上形下、道与气、理与气、理性与非理性之间的差异逐渐拉大,本体论的抽象性、客观性、普遍性、绝对性与"理"的结合,最终使"理"从具体事物中抽象而出。程颢性理合一的道德本质规定,正是由于儒家哲学潜在逻辑,在后来的历史发展中逐步将理性从人性中剥离,取代情感等非理性成为人的道德本质规定性,后来程颐将生之谓性演变为"性即理"思想,"性即理也,所谓理性是也。天下之理,原其所自,唯有不善",(《二程遗书》)程颐这里已经基本完成了道德本质由非理性向理性的转变。道德本质由非理性向理性的转变意味着"义"作为道德原则,其内涵的本质规定性也发生改变,这也为道心人心之别、天理人欲之辨提供了原则上的依据。

程颢将义理规定为社会伦理道德的普遍原则,尽管在这一规定中,"义"范畴也在义理的内涵之中;但是在具体使用上,义理与"义"范畴之间并没有明确界限,可以说义理的内涵在某种程度上也就是"义"范畴的内涵。义理作为社会道德伦理的普遍原则,在程颢看来是夫妇、长幼、朋友等为人之道、人之大伦,"为夫妇、为长幼、为朋友无所为而非道。此道所以不可须臾离也。然则毁人伦去四大者,其分于道也远矣,故君子之于天下也无适也,无莫也,义之与比"。(《二程遗书》)程颢认为人之大伦也就是道,而这里的道是与理相一致的,因此"义之与比"的伦和道即他一直强调的理,也即伦理和义理,"伦,理也。既通人理之极,更不可以有加",程颐对伦和理的解释同时也在侧面印证这种看法。

在程颢看来,义理也是伦理,而义理则应当作为人类社会道德伦理规范的核心,"视听言动,非理不为,即是礼。礼即是理也",(《论语精义》卷六下)义理在这里成为规范"视听言动"的"礼"。"义"范畴作为儒家伦理的五常之一,仁义礼智信是并行的;"义"作为道德伦理普遍原则这一抽象意义使用,在这里"义"范畴与"礼"互训,礼即是理,同时也为义所规定。

由上可知,天理与义理的关系是包含与被包含关系,前者作为无所不包的统一性范畴,自然包含了后者;义理作为天理不可或缺的一部分,是人类社会伦理道德规范。义理作为天理的一部分,使得其在天理层面上获得本体论含义和形而上学的合理性论证;天理将义理、性理、自然律有机地统一起来,这一统一性,为义理的非理性本质向理性本质转变提供了可能性。而对理性的发现和运用,使道德知识的建立成为可能,也为儒家道德学说的哲学化理论化发展提供可能性保证,同时也为中国哲学的心性之学与自然科学在理性上的统一提供可能性保证。

仁与义作为儒家思想的核心范畴,两者关系一直以来都是平等的,仁义礼智信共同构成人性论的五常,五者之间的范围、界限和作用是清晰而明确的。程颢对仁义关系的界定却发生了根本性变化,他把仁的地位提高到其余四者之上,打破了仁义之间的平等关系。他对仁的理解和把握主要诉诸直觉和体悟,"仁者以天地万物为一体"将仁解释为人与万事万物之间的相通性,"仁者浑然与物同体"则在凸显其思想重视内在体验的特点的同时,也指明了仁与义礼智信之间相区别的重要特点——通。程颢认为,仁的最重要特点即是通,"仁者以天地万物为一体,莫非己也。认得为己,何所不至?若不有诸己,自不与己相干,如手足不仁,气已不贯,皆不属己"。(《程氏经说》)在他看来,仁就是己与它(他)的相通,是有诸己和通乎外的一贯,而"仁者与天地万物为一体"也就是张载所说的"民胞物与"和孟子的"万物皆备于我",其根本也就是儒家的"一体之仁"——人与万物基于道德领域内的价值善关系。程颢在此基础上,认为仁是道德建立的基础,也就是"学者先须识人"的道德主张。

"学者须先识仁。仁者,浑然与物同体,义礼智信皆仁也,识得此理,以诚敬存之而已,不须防检,不须穷索"。程颢认为仁义礼智信五常都统一于仁之中,这一说法一方面强调人的道德意识和道德原则的内在性本质,同时也在强调道德认识的方式是直觉体验和内在体悟。他强调人的道德意识和原则——仁义礼智信的建立,首先要诉诸己与它(他)在意识领域内建立关系,己与它(他)基于意识关系的相通。程颢将仁理解为道德意识内的价值善关系的建立,其本质是要强调仁义礼智信的内在性,同时也强调人的道德主体性——"天地之用,皆我之用""以己合彼,终有未得"。(《二程遗书》)对程颢"义礼智信皆仁也"这一命题的理解,目前存在着一种误区,认为其含义是义礼智信其余四者都被仁包括,仁是道德之大全,而其余四者为其分支。这一认识的错误之处在于,其忽略了中国哲学概念范畴的特质,仁与义一样,同时具备道德意识、道德原则、道德认识、道德情感等含义,而这些含义在建立哲学命题时候是混杂的,这就需要研究者结合其思想特点和上下语境来具体分析。其实从引文可以很清楚地看出,程颢这一命题不过是要强调仁作为道德善关系在道德意识建立时的基础性作用。程颢的这一思想进路,为程朱理学后继者陈淳继承,他进一步将仁义礼智信五者两两相杂,提出"仁之义""仁之礼""义之仁"等概念,说明了道德意识和道德原则在建立时相互规定、相互作用的复杂性作用机制。

程颢的义思想特点是道德意识内涵比较突出,其义思想在认识论上比较重视内在心灵体验和直觉体悟,他的义思想以道德意识为基础,以人的道德主体性为逻辑预设,通过意识内己与他(它)道德善关系的建立而使公平、正义、同情、原则等发挥作用,进而实现道德主客关系建立,由己出发,为自然和社会建立合乎正义的秩序。仁与义的关系,在程颢思想中已经实现了局部的突破,他开始认识到仁与义两者在道德领域作用方式的不同,同时也将仁这一价值善关系以"通"来概括,为仁增加了新的内涵;"义"范畴在程颢这里的新发展是他认识到,"义"范畴作用的发挥必须建立在特定的道德关系基础上,改变了以往"义"范畴在道德思想建构活动中忽视道德主客关系的局面。

(二) 义：公私之辨

程颢认为"义与利，只是个公与私也"，(《二程遗书》) 在程颢的哲学理论体系中，义往往是作为道德原则来讲的，道德原则的普遍性内涵，要求义必然超越狭隘个体的视野而实现由私到公的转变，同时通过张载、周敦颐等人对"义"的论证和阐发，义本身也具有"公"这一内涵；利首先是价值判断，是基于人的个体性需要结合事物本身的属性做出的判断，但是从狭义来说，人的个体性需要往往并不具备普遍性内涵（当然不否认有些需要具有普遍性以及某些利具有时空和人类的普遍性），因此利从其狭隘性和直接性上说，往往意味着私。程颢将义利关系转换为公私关系，实质上是在道德上要求人以至公无私之心实现由人欲到天理的回归。

程颢将义利之辨转化为公私之辨，其理论范围是清晰的。其弟程颐补充说，"义利云者，公与私之异也。较计之心一萌，斯为利矣"，认为两者得以相通的关键在于"心"也就是动机和认识；程颢自己也认为"公义在，私欲必不能胜也"，私欲和天理这一对矛盾范畴，依照程颢的界定，"人心私欲，故危殆。道心天理，故精微。灭私欲则天理明矣"，私欲往往是从人的不良道德动机而言的，其界定范围也是"心"。公私之辨与义利之辨的统一，从程颢和程颐两人的分别表述来看，其基础是"心"——道德心，其中最为关键的是动机,而此心作用的关键,往往意味着"一心可以丧邦,一心可以兴邦,只在公私之间尔"。(《二程遗书》)程颢以心也就是动机,将公私和义利相结合,凸显了道德的重要作用,同时也体现了儒家义利之辨中重视动机的传统。

公与私的关系,除了作为道德原则和道德动机的普遍性和个体性之别外,还意味着群体与个体的关系。私与公之间的关系,在整体性与个体性含义上,儒家思想传统中往往以人我关系来界定,他们强调在"修齐治平"的"内圣外王"社会实践中,通过行仁义的功夫,以此克己去私从而实现"内圣外王"的大公,实现个体与社会的完整统一。公无论是作为普遍性还是整体性,其内涵都是清晰的;但是私则不同,由于程颢乃至于更多的儒学思想家的独特的语言习惯,对于私的界定都是模糊的,往往需要诉诸上下语境和现实境遇来判定。

在程颢的哲学思想中,解决公私之辨的关键在于界定论域,在程颢看来,这个论域就是作为动机和判断的"心",程颢对"自私"的论述并不多,因此我们要借助程颐的思想来理解"私利"。在程颐看来,"大抵人有身,便有自私之理",首先"有身"是"自私"的必要条件,"自私"的意向对象是生存和发展的必要条件,因此人们为了获得自身生存和发展就必须为自己谋划并获取利益,有身就可能自私;其次,"自私之理"的说法表明"自私"作为意向活动,其意向对象——人的生存发展必要条件是客观性存在,自私与其意向对象共同构成意向活动,就两者本身而言,并无先天逻辑关联。程颢认为"利"是"凡顺理无害处便是利,故君子未尝不欲利",(《二程遗书》)"水利之兴、屯田之制、府兵之复、义仓之设,皆济世之大利",(《二程文集》)无论是"顺理无害"之利还是"济世大利"之利,与程颢之前所说的"义与利只是个公与私"的利有着明显的区别。不难分析出程颢对"利"的认识有三种,一者是具有普遍性和合理性的利——合与义之利——义利;另一种是不具有动机和实践上的普遍性但具有合理性的利,也就是个人生存和发展的必要条件——诸如饮食男女等——公私兼备而公胜于私;另一种是既不具有合理性又不具有普遍性的利,也就是基于个人欲望等满足的纵欲、浪费、争夺等利——私利。很显然程颢在公私之辨中谈到的,与私具有价值一致性的"利"——私利是并不具备普遍性与合理性的利;程颢以公私区分义利,强调了动机的重要性和判断标准的核心意义,个人在谋求利益中的动机——为己或为人、为公或为私决定了"利"是义还是利,同时是否符合义这一判定标准也决定"利"的公私归属。

在这里必须要厘清一个概念——私利。程颢所言的私利与现代意义上的私利有着严格的区别,这也是明确其公私之辨的关键所在。现代意义上所谓的私利,通常被界定为私人的利益、财产等,其内在区分标准是多样的,其中包括合法与不合法、自私或非自私;程颢所谓的私利,单纯指人基于自私动机或不合理(不义)手段所获得的利益。可以说程颢所谓的私利就是自私之利,只不过程颢要强调的是其动机和区分标准,所以才会有程颐"盖

欲利于己，必损于人"的说法。(《程氏经说》)

正是因为程颢公私之辨强烈关注动机的特点，他一再强调公私之辨的道德动机重要性，"一心可以丧邦，一心可以兴邦，只在公私之间尔"，他认为人必须通过克己复礼的道德修养功夫来实现由私向公的转变，"克己则私心去，自然能复礼，虽不学文，而礼义已得"，(《二程遗书》)他认为克己的过程实质上就是复礼的过程，他认为私心既去，礼义已得；程颢认为义作为义理而言，与礼是相通的，因此克己复礼的去私心功夫，实质上也就是化私为公的过程。

程颢同时也强调了克己复礼这一过程的重要性，"克己最难。《中庸》曰：天下国家可均也，爵禄可辞也，白刃可蹈也，中庸不可能也"。(《二程遗书》)他以难来解释作为义理的礼——义对于克己的原则性意义，也就是不偏不倚的中庸；而礼作为儒家人性五常之一，其作用和意义就是用来规范人的行为和活动，引导人由个体人向社会人转变——由私而公，礼本身具有克己的内涵，故而程颢强调礼对于公的意义——"无礼让，则不可以为国也"。(《程氏经说》)

克己复礼即是要求人格转变，即由自私利己向社会公义转变，也就是严格要求自己遵守社会道义、承担社会责任，通过去私克己的功夫和对义理的敬畏态度，实现社会道义和社会责任的内化，实现由功夫入境界的人格转变。程颢对于君子小人之辨的界定，正是依据其道德觉悟和道德人格境界来区分的，"君子之志，所虑者岂止一身，直虑及天下千万世。小人之虑，一朝之忿,曾不惶恤其身",(《二程遗书》)程颢以道德意识和道德觉悟高下来区分君子小人,在突出君子小人的道德意义的同时,还着重强调了其与公私之辨的一致性。

从礼与"天理""义理"的一致性上说,公私也就意味着义利,而义从其道德原则含义上说也就是"义理",在程颢这里,礼、义、公三者在社会调节功能和道德约束含义上是一致的。程颢认为理和利都应当具有普遍性和公共性,对于人来说,把握这一正理的关键在于保持"公心",也就是为公的道德动机和道德意识;怀有公心自然能不失正理和公义,与天下人同利。一旦动机出现问题,道德意识也就随之丧失,求利的公心意向为自私所蒙蔽,那么自利也就直接转变为自私自利,损人以利己,以至于争夺。

程颢的"克己复礼"的"礼",通过其公私之辨和道德人格论的结合,获得了"公"这一内涵,同时通过作为本体的"天理",与义范畴之间实现了内涵上的相通。公私之辨作为实践活动,既要有天理这一本体的关照,同时又需要义作为原则指导和价值判断依据;既要有诚敬的修养功夫来保证其对道德目标的持守,也要有"礼"作为外在规范。可以说程颢的公私之辨,在义利之辨上已经触及了道德权利与道德义务范畴,但是由于其重视内在体验的学术倾向,并未从其学说的各个方面加以展开。

(三) 义:义利之辨

程颢对义利之辨的理解,其创造性在于将"义"直接赋予本体层面的含义,义与"天理"相通,将"天理""人欲"的二元对立关系与义利之辨在逻辑上和结构上统一起来(详见本章第一节和第二节)。天理作为义的本体论依据,同时是评判义利之辨的终极依据,在程颢看来,应该是人类社会的所当然之则以及人的道德本质普遍性规定,同时也是社会行为规范得以成立的所以然之故。由于二程将"利"与"人欲"进行了逻辑上的对应,利从常识角度往往被理解为私利或者不义的事物,然而事实上他们并没有取消其存在的合理性。

从利的来源上看,如孟子所说"故者以利为本"指的是在三代时期,圣人那里是义利不分的,利是人类生存和社会发展的根本,而利的含义在当时也不过是人类活动提供和获得的便利而已,《周易》开篇所讲的"元亨利贞"就是将利作为生生之德。利由褒义到贬义的变化过程,在程颐看来是由于"礼崩乐坏"之后,王道政治被霸道所取代,尤其春秋时期互相征伐的战争,利由生生之德变为人们争夺的对象;由于天道沦丧、天理不昭,而孟子又害怕谈利会使得人们陷入利益泥潭,因此以义代利、"拔本塞源",但是后人误解了孟子的本意,常常批评他不谈利或者认为孟子义利关系为水火不容,而这些均是误解。程颐将利作为人生存的根本,恢复其生生之德的本意"人无利,直是生不得";同时他又揭示了利的道德属性和事实属性的区别,"譬如椅子,人坐此便安,是利也",也就是说事物满足人们需求的属性才是利,而人们求利的动机、行为方式、手段等等才赋予其道德属性,"利只是一个利,只为人用得别"。

程颐的这一看法，基本接近现代伦理学关于利益的界定，义利之辨作为道德问题，其论域必然是固定于道德范围之内。就道德发生而言，道德属性的判定往往基于人的价值判定（不排除在道德形而上学领域内，人的价值判断受到道德规定性的制约），价值判断的产生，又来源于人依据自身需要和事物事实属性之间的满足关系，就事物本身的自然属性与事实属性来说无所谓道德与否。义利之辨进入道德领域，其含义则变化为道德领域内，人们求利的动机、手段、行为方式等是否符合道德规定性的问题；义也就是求利行为的各个方面均符合道德原则的要求，利则是此行为在某方面不符合道德的要求。义利之辨的实质，也就是如何实现人们求利的实践活动与道德要求，两者谁为矛盾主要方面的问题。

义利同源指的是两者从来源上说，在儒家对于原始状态——三代圣王的王道政治、道德理想状态而言，本无所谓义利之辨，人们改造事物的活动就是为了获得自身需要的满足，而这一活动是天然合乎道德的，在义利不分的混沌状态中两者是同一的；从两者产生来看，无论是利还是义，都来源于人类对事物的价值评判以及人们有意识有目的的求利活动。从程颐对义利理解看，他已经清醒认识到了事物自身属性与人们求利活动之间的根本区别，也清楚地看到了义利同源，"圣人于利，不能全不较论，但不至妨义耳。乃若惟利是辨，则忘义矣"；程颢对利的看法也体现着义利同源的观点，"凡顺理无害处便是利，君子未尝不欲利"，（《二程遗书》）程颢认为义利是统一的，而对利的界定恰好反映了两者同源这一本质。

在认识清楚义利之辨的实质之后,程颢认同儒家一贯的价值取向——义重于利。从程颢对天理的推崇和对义理的重视,不难看出程颢哲学思想中之一贯认识——义的价值和逻辑优先性。义利之辨的义,在程颢这里,依旧是天理下贯至义理和万事万物之中的道德原则和本质规定性,义作为道德原则和评价标准是衡量义利之辨的核心所在;同时义作为道德意识、动机,与利相比较而言,具有行为上的普遍性和广泛适用性,即使抛开道德这一论域来说,合乎义的博弈规则,显然比不义的博弈规则更具有普遍适用性和发展上的长远性。

从程颢将义利之辨诠释为公私之辨和天理人欲之辨这一做法来看,义利之辨中义显然是具有优先性的。义重于利,从其实质上看,是要强调道德在社会生活的各个方面的指导意义,也是儒家以德为思想根基的体现。正如程颢对董仲舒"正其谊不谋其利,明其道不计其功"的推崇,义在程颢哲学思想中的地位和作用显然是具备"道统"含义的。"君子处世,事之无害于义者,从俗则可也,害于义则不可从""计利则害义",(《程氏经说》)从程颢对利的态度可以看出,程颢十分注重行为活动中"义"作为原则的坚定性和作为动机的唯一性;义利的动机选择往往在很大程度上决定了道德的善与恶,同时以义还是以利为核心则直接决定从义还是从利,因此孟子、董仲舒、二程等人一再强调义,甚至于不惜弃利谈义而被后人误解也要如此,其原因就在于要保持义在动机上的唯一性和作为原则的坚定性。

从义利之辨对人格的影响上看,程颢突出了人格形成过程中对义重于利的必要性,尤其突出在道德与富贵等产生冲突时候义的重要性。"富,人之所欲也,苟于义可求,虽屈己可也;如义不可求,宁贫贱以守其志。非乐于贫贱,义不可去也"。(《程氏经说》)二程这一看法与孔子"富而可求也,虽执鞭之士,吾亦为之;如不可求,则从吾所好"(《论语·述而》)的义利之辨思想不谋而合,两者都是强调义在义利之辨中的价值和逻辑优先性。

最后要强调的是,程颢重义轻利的思想除了儒家一贯的道德价值取向之外,还与当时的历史境遇有着直接关系。众所周知,二程所处的北宋中期,北宋积贫积弱的社会局面、王安石变法时期对求利的过分强调以及当时地主经济与手工业、外贸的繁荣,社会上普遍出现求利的浪潮,上至皇帝宰相,下至百姓工商者,中间士大夫读书为官,都对利孜孜以求,由于求利带来的社会道德意识淡薄和利益相争的局面,程颢作为道学家自然不能允许,故而程颢提出"天理"这一道德本体,以公私明义利,强调义重于利的儒家一贯立场,为当时"回归三代"这一儒者们共同心愿贡献了思想资源。

程颢对孔颜乐处的认识是"圣以道化,贤以学行"(《二程文集》)的为圣功夫,也是求圣的精神境界。而在这一精神境界的谋求中,程颢往往借境界说功夫,无论是"定性"还是"诚敬"都是在孔颜乐处这一精神境界的关照下展开的。孔颜乐处,是"仁者浑然与物同体"这一道德境界在道德理想目标上的展开,是"颠沛必于是,造次必于是"(《论语·里仁》)的"天道""天理",也是"道之无疆,古今所常"(《二程文集》)儒家的道统相传所在。

孔颜乐处在程颢这里的新发挥,就是他将"孔颜乐处"发挥为"浑然与物同体"的精神之乐以及他以"通"言"仁"思想。程颢认为"仁者浑然与物同体,义礼智信皆仁也。识得此理,诚敬存之而已,不须防检,不须穷索……须反身而诚,乃为大乐",(《二程遗书》)程颢所言的大乐,也就是识得儒家一贯之道,也就是以仁包万物的"仁且智"的统一——成圣境界,也就是孔子所说的"一体之仁";"反身而诚,乃为大乐"的乐,也就是通过"一体之仁"来摆脱外物羁绊,超脱至"与物同体"的和乐境界,而这一和乐正是孔颜之乐所在。

孔颜乐处与义利之辨的统一,是通过仁这一境界来实现的。首先从"义礼智信,皆仁也"的说法不难看出,无论是作为道德价值原则的义,还是作为道德本质属性规律的义理,两者得以建立的基础都是仁,"仁义礼智信五者,性也。仁者,全体,四者,四支",(《二程遗书》)也就是通过仁建立起道德领域内的关系。义通过仁实现道德意识内化,以"浑然与物同体"的精神境界为核心枢纽,从道德意识、道德原则上升为道德审美的"孔颜乐处"。

其次,程颢认为仁以通为要义,"医书言手足痿痹为不仁,此言最善名状。仁者,以天地万物为一体,莫非己也。认得为己,何所不至……如手足不仁,气已不贯,皆不属己"。(《二程遗书》)

以气之贯通说仁，表明仁的关键在于实现己与人、人与物、天与人等等的相通，建立起道德上贯通的关系。"己欲立而立人，己欲达而达人……欲令如是观仁，可以得仁之体"，(《二程遗书》)孔子所言的仁，就是强调要建立起道德意识领域内，人与他人之间的依存关系，也就是人与他人的相通。义利之辨的实质，在程颢看来是公私之别，"义与利，只是个公与私"，他以公为义的做法正是要说明，人在义利之辨的取舍上要破除自私自利而建立公心这一道德意识；公要求人与己、人与物、天与人在道德领域内的整体性关联，也就是"仁者与天地万物为一体"的整体性道德关系，由私入公的关键，在于以仁为基础的"通"。作为个体，从私我的仁心出发，发挥仁"通"的作用，实现公；公也就意味着道德关系的整体性——仁，而仁的境界也就是"天地万物为一体"的和乐——孔颜之乐，道统所归。

最后，孔颜乐处这一圣贤精神境界的获得，需要持之以恒的道德修养功夫，也就是为善去恶、克己复礼、去私入公的功夫，以此实现人与万物的相通，达到一体之仁的精神境界，进而把握圣贤和乐的精神归宿所在。程颢在义利之辨中强调的为善去恶、克己复礼、去私入公的道德修养功夫，恰恰与孔颜乐处的修养功夫是一致的；义利之辨在程颢的哲学体系中，仅仅是作为道德实践领域的一个组成部分，孔颜乐处的和乐境界才是程颢哲学思想的归宿所在，义利之辨与孔颜乐处的关系就是道德意识范围内的体用关系，也是境界与功夫的关系。

总的来说，程颢的义思想在儒家哲学的义思想发展中，实现了多方面的突破性发展，也基本囊括了宋明理学中关于义的各个方面的问题。在儒家哲学逻辑体系建构中，他首次提出了"天理"这一以理为中心的理气结合体，通过天理和人欲的二元对立，展开了义利之辨、公私之辨、义命之辨、道心人心之辨等以义为核心的命题。与此同时，程颢的义思想以其重视内在体悟的特点，往往采用以本体境界说功夫的方式，直陈孔颜乐处、仁者与天地万物为一体、诚敬等儒家精神境界，突出了"义"范畴中"公"这一内涵的重要地位和作用，同时在继承义的"宜""正"的含义基础上，基本体现了义的适宜性、正当性、公平性三个内涵。值得指出的是，在程颢的思想中，我们依旧可以看到儒家传统的"天人之辨"的本体建构方式，但是其推理方式和说理方法已经突破了儒家范围，在吸收佛家尤其佛家否定达意的遮诠方法基础上，突破"言意之辨"的思维局限，实现了义思想由人性范畴向本体范畴的转化。

## 二、朱熹：心性之义

朱熹（1130—1200）字元晦，祖籍徽州婺源，由于其学术活动主要地点在福建，故而其学派又称闽学。朱熹在继承二程洛学的基础上，充分吸收其他理学家的思想，融合二程的理学和张载的气学于一体，形成庞大的理学体系，成为宋代理学的集大成者。

朱熹的义思想是其理学思想的组成部分，虽然他也如别的思想家一样由人性来论义，但是由于其人性论是根植于天理论的，所以想要理解其义思想，必须先理解其理学体系。大体来说，义涉及三大范畴，一是与理的关系，二是与心的关系，三是与性的关系，其义利之辨是在道心人心说的基础上做的发挥。

(一) 心性之义

朱熹的人性论，很大程度上继承了程颐的人性论主张，在接受程颐气禀说人性的基础上，他以其理本论为基础，以"理先气后"为基本理论前提，努力突破以往形上形下、道器之辨、体用之辨的理论结构模式，竭力地希望呈现本体与现象二元结构。朱熹同其他思想家一样，紧紧把握"义"的根本内涵——"宜之理"。他将"义"与"理"结合起来，得出了"义者，天理之所宜"的结论。在他看来，义的终极依据是"天理"，而由于朱熹哲学理论建构的原因，天理又不能直接与作为道德范畴的义建立结构联系；基于"性即理"命题，义的理论来源是性，也就是作为人性五常之一；又因为朱熹对人性有着天地之性和气质之性的区分，义又被分为两部分。"义"范畴在朱熹的哲学体系中，内涵极其丰富；又因为理论的不同结构区分，导致含义的复杂难辨。

就"义"与天理在意义上的直接关联看，义也就是"天理之所宜"。"义者，宜也。君子见得这事合当如此，却那事合当如彼，但裁处其宜而为之，则无不利之有。君子只理会义，下一截利处更不理会。"从这段话看,他把义直接理解为依据天理而进行的心的裁制作用;而天理作为"合当"的依据,在这一意识活动领域内,是道德理性判断的结果。"合当"作为"宜"的同义词,在他看来,就是人对于天理的理解和把握,"君子只知得个当做与不当做。当做处,便是合当如此……只看天理当如何"。"义"作为具有独立意义的道德范畴,也有其自身的"理"——宜之理。

从宇宙生成论角度看,在气化流行的过程中,天理落实于人得到具体实现。义作为人性的范畴之一,自然也在气化流行的过程中得到实现。以气论义的做法,在理学思想建构中具有普遍性。周敦颐以刚柔善恶论人性,提出了刚善为义,将宇宙生成论与道德哲学论紧密结合,以期形成严谨的宇宙生成本体论。朱熹则汲取了气学的阴阳五行说,将五行、四德与五常相结合,气之运动变化和理之变化相结合,"盖木神曰仁,则爱之理也,而其发为恻隐……金神曰义,而其发为羞恶……有得金气之重者,则羞恶之心常多","仁礼属阳,义智属阴","仁义礼智,便是元亨利贞。若春间不曾发生,得到夏无缘得长,秋冬亦无可收藏"。问:"元亨利贞有次第,仁义礼智因发而感,则无次第。"曰:"发时无次第,生时有次第。"朱熹将"义"范畴与阴阳、四德、五行等紧密结合在一起,以其丰富而庞大的气化生成体系,弥补理气二分带来的义范畴内涵的分裂。人性气禀说的根本,并不在于先验命定和决定论,气的运动变化属性决定了它并不是一次性完成的赋予,而是与人类活动和选择密切相关，因此人性论将道德和气禀的结合才具有现实意义，关于朱熹人性气禀说陷入命定论的说法，是对朱熹气学理解的偏差。

从人性论角度看，"义"历来就是人性的重要组成部分。以情论性的理论体系中，义体现为羞恶之心；以仁为本的哲学体系中，义则体现为仁之外发，"敬以直内，义以方外"。（《周易·系辞》）朱熹将人性论分为天命之性与气质之性两部分，"义"则自然在两部分之中都拥有相应位置。天命之性由于朱熹将之确定为理之本体，强调言性则为气质之性，故而"义"在天命之性中的含义即是人性中的"宜之理"，也就等同于其与天理的关系。"义"和天理的关系，与"义"和天命之性的区别在于两者的论域不同，前者为宇宙本体范围，而后者则是道德伦理范围。

朱熹虽然坚持理本论，但是他同时也极为重视对"心"这一范畴的探讨。朱熹在吸收二程及其后学的心性思想基础上，恢复了"情"这一范畴在理学体系中的重要地位，同时也在该体系中恢复性情之间的紧密联系，强调了性情之间的体用关系。"义"范畴，作为"性"这一范畴的不可分割的内在组成部分，在心性修养领域内，是依附于"性"并难以摆脱"性"的范围的。"心"这一范畴，由于朱熹在心性修养论上的"心统性情"的基本规定，在结构上理所当然地成为"义"的理论前提，在修养功夫上也自然地成为其必要手段和准备。

朱熹除了将作为思维意识活动的"心"以已发未发做区分外，

他清楚地看到了"心"作为道德意识的意向性特征。因而他又以意向对象的不同,将"心"分为道心和人心,"此心之灵,其觉于理者,道心也;其觉于欲者,人心也"[1]。"只是这一个心,知觉从耳目之欲上去,便是人心;知觉从义理上去,便是道心"[2]。道心人心这种基于意识意向对象的不同而进行的分类,是对其性情论和理本论的发展和补充。首先朱熹将道德意识活动的动机做了简单的二分,也就是天理和人欲。

天理人欲的区分,虽然是简单二分,但是依然能看出心性论的痕迹,也就是在这里所谈论的天理人欲都在气质范围内。天理人欲作为道德意识活动范围内的两个范畴,是在理气相杂的气质之性范围内展开的;虽然此时的"天理"与作为终极本体的"天理"在名称上一致,但是从其矛盾范畴之间的区分上,两个天理之间的映射关系还是清楚的——理一分殊、月映万川。

朱熹从气化生成的来源上解释了道心人心说的区别,"心之虚灵知觉,一而已矣,而以为有人心、道心之异者,则以其或生于形气之私,或原于性命之正,而所以为知觉者不同,是以或危殆而不安,或微妙而难见耳"[3]。道心人心,被朱熹在理气论、心性论领域分别做了建构,其"性即理"和"心即理"的两条路径,使这一对

---

1 / [宋]朱熹:《朱子全书·晦庵朱文公文集·答郑子上》,上海古籍出版社,安徽教育出版社2002年版,第2680页。

2 / [宋]黎靖德编:《朱子语类·尚书一·大禹谟》卷七十八,王星贤点校,中华书局1986年版,第2009页。

3 / [宋]朱熹:《四书章句集注·中庸章句序》,中华书局1983年版,第14页。

矛盾范畴如同其他范畴一样，蕴含着内部矛盾。

从《大禹谟》的"人心惟危，道心惟微。惟精惟一，允执厥中"来看，朱熹对人心道心的界定，显然是同其已发未发说相一致的。对于道心的存养和持守，恰恰是主敬涵养的未发功夫，而对人心的克制和引导，则反映了格物致知的已发功夫。人心道心说，由于庞大的理论建构，因而在心性论中并没有核心意义。就"义"与道心人心的关系来看，很显然它是属于道心，道心在心性修养领域内，成为义和天理之间联系的纽带，为义通向天理提供了工夫论上的理论保证。

道心作为道德理性，与作为感性欲望的最大区别在于它的引导和规范作用。以道德理性建构和把握道德原则、原理，从而引导和指导道德实践行为，正是传统道德哲学的一贯立场。而道德理性对感性欲望的限制和引导作用，成为作为现实的人进行道德自律和自我道德立法的关键，也是人成为道德人的关键。"义"这一道德范畴，其正当性和适宜性的内涵，要求在具体的道德活动中合理地引导自身的欲望，使内在目的与外在规律规则（尤其道德规律和规则）之间达成调和。道心作为道德理性，恰恰是实现道德思维活动中，实现理性对于感性欲望制约、引导、规范的必要条件。

就现实社会存在——人来说，道德理性观念和感性欲望之间的冲突常常存在。感性欲望总是直接指向个体存在者，而对个体而言，感性欲望的满足总是能够直接体现出个人存在的自我肯定。

由于感性欲望总是直接指向个体,而道德理性的作用对象则是个体内在需求与外在他者之间的关系;人心代表了个体存在者的生存、发展等各种欲求,其中包含有生存最基本的需求、合乎道德的欲求和不符合道德规范的欲求。从"人心"这一范畴的形成来看,理学家们对"人心"的定义,是"道心"基于理气的本体与现象、体用关系,进行简单矛盾对立的结果;"道心"则是最为终极依据的理在人性论领域的展开,是思维意识活动基于"天理"这一意向活动对象确定的,"天理"则是终极存在依据的"理"在道德领域的映射。道心和人心这一对矛盾范畴,无论是形成还是理论体系结构上,都是派生性的,这也就意味着该范畴背后有着深刻的历史、现实、思想渊源值得发掘。

(二)义:理欲之辨

理欲之辨是理学建构以来,始终存在的问题,而这一对矛盾的实质,则是指道德原则、原理、规律与人的欲求之间的矛盾关系。由于古代哲学关于矛盾的认识尚未上升到辩证阶段,朴素辩证法尚不足以在极度抽象的哲学理论建构中发挥作用,因而理学家们对天理和人欲的区分往往直接以合理不合理、正确与错误、好与坏作为标准。人欲,其直接意思就是指人的欲望,然而由于理学家们习惯于抬高理的地位,同时在道德哲学领域尚未自觉地使用矛盾辩证法做详细分析,因而人欲被直接作为"天理"的对立面,"不是人欲,便是天理;不是天理,便是人欲"。天理和人欲这对矛盾中，不合理、感性、自私等消极含义都由人欲来承担。虽然理学家们清醒地认识到了这种表达带来的误解，又积极地对人欲做了详细的界定和说明，但是矛盾绝对对立的思维习惯，不可避免地造成了对"人欲"这一范畴的误解。

早在二程思想中，理欲之辨就已经被作为道德哲学核心问题提出。而朱熹对二程这一思想极为推崇，他在理欲之辨和道心人心之辨中，继承了二程这一思想并对之做了理气论上的发挥。

如同二程一样，朱熹也认为道心即天理、人心即人欲。"只是这一个心，知觉从耳目之欲上去，便是人心；知觉从义理上去，便是道心。"[1]朱熹对这种直接将理欲之辨对应于道心人心的做法，做了理论上的解释。但是朱熹的理欲之辨，较之二程多了理气论的论证，朱熹将天理作为事物合理性和价值的终极来源，是人进行一切活动必须遵守的原则、规则、依据。而人欲在朱熹看来则主要是由于气禀造成的，人在生成和活动中，禀受或习染了污浊、偏狭、鄙薄的气，从而导致了形气之私的产生；形气之私的产生，则必然导致人性中蕴含的至善天理被遮蔽，从而使人陷于物欲之中而不自知，进而导致恶的产生。禀受和习染污浊、偏狭、鄙薄的气，不仅仅意味着人的气质和人性被改变，同时还意味着公正、至善、无限的理，在这一过程中伴随气化流行而被遮蔽、污染后，贯彻到人身上。

人欲由形气之私导致，而形气之私产生的关键在于逐物之蔽，逐物之蔽则意味着人的先验

1/[宋]黎靖德编：《朱子语类·尚书一·大禹谟》，卷七十八，第2009页。

道德理性的作用受到遏制。人的欲求脱离了道德理性的制约和引导,进而导致各种不合理欲望的产生和强烈满足需求。人的欲望中原本包含正当的、合理的部分,但是由于理气二分,人欲最终沦为恶。

天理对于人欲,除了具备道德上的优势地位外,更重要的是其引导和规范作用。天理是一切道德行为、道德判断和道德意识的最终依据,也是道德修养的最终目的和归宿;人欲由于不具备可普遍性和道德合理性,因而成为人们依据天理进行积极改造的目标。正如朱熹对人欲的界定,"无利直是生不得,安得无利?且譬如椅子,人坐此便安,是利也。如求安不已,又要褥子以求温暖,无所不为。然后夺之于君,夺之于父,此是趋利之弊也。利只是一个利,只为人用得到"[1]。人欲是在合理欲求基础上的过度追求,是基于欲望满足要求而产生的对道德原则的破坏。

理欲之辨的关键,在于处理具体行为和意识选择的时候,道德理性规范、限定与感性欲求满足两者之间何者为主的问题。理欲之辨即强调道德理性以及由此产生的道德原则、规范、原理,在人的具体行为和意识活动中,能够发挥其主导、规范、约束的作用。

人欲在朱熹看来,是不合理欲望的总体,是不符合道德原则、原理的;义则是至高至上的天理,作为人的本质规定性,呈现在人身上的道德范畴。在朱熹的哲学体系内,义与人欲之间是间接的不可调和

---

1/[宋]朱熹:《朱子全书·论孟精义》,卷八。

的矛盾关系；然而如果我们对人欲这一概念进行历史还原，不难发现蕴含在其结构中的合理性因素，人欲成为恶的来源，其背后蕴藏着朱熹哲学理论的诸多矛盾。

就人欲内涵的几个基本要素看，人欲基本包括了个体性、非普遍性、感性、欲求、不合理性、恶、欲求满足、社会关系、道德等。而通过朱熹对义利、公私、感性理性等几对矛盾范畴的理解和诠释分析，可以还原朱熹的基本思维结构。作为终极存在和价值的理以及作为其在道德人性论中的映射，善必须具备普遍性、正当性、社会公共性、道德理性、欲求满足规范性等含义。相应地，人的欲望中，凡满足以上要求的都可以从欲望中得以升华，从而获得天理的理论支撑。而人的欲求，具备社会公共性和普遍性的部分，除了基本的生存条件满足外，还包括适度的发展满足。但是这种满足，必须依照确定的社会关系结构和相应的价值原则原理来进行；前者是伦理范畴，后者则属于道德范畴。人欲作为中性词，正是由于其满足道德要求部分被抽离并划归为天理而成为恶的代名词。宋代理学关于天理人欲的经典命题——"存天理，灭人欲"，由于范畴含义和界定有悖于常识，因而在后世饱受诟病。

值得强调的是，恰恰是朱熹将天理人欲进行了理气论的改造，才使后人对于"存天理、灭人欲"有了清醒认识。他们往往以"气"作为哲学本根，重新界定理气关系，并由此颠覆了传统理欲之辨，形成了"欲中见理"的新理欲观。而颠覆朱熹理欲观的根据,在于他们认识到,哲学理论真正的生长点在于具体现实存在的"人",而非抽象的、形式化、逻辑化的"理"。与此同时,他们也从心性论出发,解构性情的体用结构,将普遍化、抽象化的性理寓于具体现实的人欲之中。

朱熹对理气、理欲、性情、道心人心等矛盾范畴的处理,一开始就将它们做了不对等的界定;体用、先后、本末、本体现象等先在理论结构,实质蕴含了逻辑优先性、价值优先性、等级优先性等内容,通过对人欲范畴的内涵分析,不难发现形而上学理论中蕴含的具体社会矛盾。

从朱熹人性论对"义"的规定看,"义"与人欲之间是矛盾对立关系;从"欲中见理"来看,"义"和人欲是矛盾统一关系,两种不同的界定恰好反映了"义"与天理之间的辩证统一关系。作为思维意识活动的"心",是贯穿天理和人欲的重要因素,也是进行理欲分辨的关键所在。欲望自身并没有进入道德伦理范围内,当实施行为和意识活动对欲望进行满足时,人突破个体性存在局限进入社会范围内,道德评价才具备可能性。作为个体的人与作为社会存在的人之间的关系是矛盾的;个人一方面是属于社会组成部分,并以社会性存在为其本质存在方式,同时个人又是相对独立的存在,对私有空间和个体独立性要求,也是其实现个体存在价值的基本方式。人存在方式的特殊性,决定了其思维意识活动和现实行为的矛盾属性。朱熹认为社会性存在是人的本质存在方式,同时也是区分合理与不合理的基本界限;他将规则、原理、规律实体化，借此来抬高社会属性的地位，义也因此彻底落入抽象的公共性范围内。

实际上，人的欲望既是人的合目的性要求，也是义得以存在的前提；而外在合规律性这一方面，则由于理的实体化、本体化，从而逐步与人相分离。义的两重含义被截然二分，同时其内在性部分被抽离，彻底沦为理的附属；义与人欲的分离，意味着其内在生长力的丧失。朱熹企图借助于建构"心统性情"来解决这一问题，但是"心统性情"的理论前提——理本论、心性论已经包含着理欲的本末、体用、善恶之分，朱熹这种"心统性情"问题的解决方式无疑陷入了循环论证。

朱熹的知行观核心命题是"知先行后"，他强调在具体行为活动中，知识、理性对于行为的引导和规范作用。与朱熹强调体用之别相一致，行在他的理论体系中为"通"之用，而非具有相对独立性的范畴。值得强调的是，朱熹所谓的知行关系，并不是现代意义上的知识获得与现实行为的关系，而主要是指道德哲学内部的道德知识、理性与道德实践之间的关系。

朱熹对知行关系的界定，表现在先后、轻重两个方面，"知行常相须，如目无足不行，足无目不见。论先后，知为先；论轻重，行为重"。朱熹并不一味强调知的优越性，他以目与足的比喻，说明了知的在先性地位是由其引导作用所决定；行作为现实的道德实践活动，是在道德理性、知识、规范的引导下展开的。朱熹对知行关系做了形式化、二分化理解，"未须理会相发，且各项做将去。若知有未至,则就知上理会;行有未至,则就行上理会",知变成已知的道德知识和原则,行变成了现实的践履活动。在对知行做二分化理解的基础上,他还看到了两者之间的统一性,"致知、力行,用功不可偏","……少间自是相互发。今人知不得,便推说我行未到;行得不是,便说我知未至,只管相推,没长进"。知行互发表明朱熹看到了知行关系的动态一面,同时也看到了践履的重要性,"论先后,当以致知为先;论轻重,当以力行为重"。[1]

朱熹对知行的界定并不对等,从前文不难看出,致知的功夫亦属于知的范畴,格物、穷理、涵养、持敬、思虑等功夫都属于知;行则仅仅包含有践履功夫,成为对已有之知的现实检验和完成。对知行的不对称界定,自然导致重知的倾向,而在道德哲学中,这一倾向则意味着偏重内在心性修养而忽略其实际效果。

朱熹在道德哲学中强调道德知识的获得,道德原理、原则的把握,意味着在其道德哲学内部必然有一个外在化的客观本体依据——理。道德原则、原理的外在性,与朱熹德性之知的内在化获取,两者之间的尖锐矛盾必然导致三种结果——抬高道德原则、原理,使得道德自律逐步沦为他律;挺立人的道德主体性,消解"理"的本体意义而强调"本心",变理学为心学;将道德本体之理与认知本体之心都转变为过程性存在,使两者在过程中相互规定,共同发展,最终实现辩证统一。在朱熹这里,由于"义"被规定

---

1 /[宋]黎靖德编:《朱子语类·学三》,卷九,第148页。

为性、理等内容,因而在知行范围内属于知;"义"的践行部分则与其他道德德目一样,无差别地被归入行。"义"因此被归入纯思辨的理论中,从而丧失了其实践性的生命力。

从道德哲学的特殊性来看,道德知识和道德原理,与具体事件之间是间接关系;从事件(事实)中抽象出事态,由事态进行价值判断才形成道德认识、知识,即所谓道德直觉和"本心",也是这种复杂结构长期重复后形成的本能反应。道德哲学知识的来源是间接的,而道德实践活动中,知识与行为之间的关系则是直接的,道德规则、知识、原理直接决定人的行为选择。因此在大多数道德哲学体系中,道德知识由于获得方式的间接性和复杂性,往往被直接诉诸神秘直觉、外在客观来源、权威、传统、经典、信仰等;又因为知对于行的直接引导规范作用,道德哲学中重知的倾向越来越普遍。道德知识的获得过程,由于是以知为核心,也往往被界定为知;行的内涵和范围被逐渐压缩,道德践履也就逐渐成为对道德知识的具体实现。朱熹的知行观,对前人的超越和创新之处在于,他重视"知"在未发上的存养、持敬功夫,将知识在意识活动中的思辨和推敲,代替了道德行为的实践检验,这种援知入行、以知代行的做法,在心学知行观中是很常见的,而朱熹的这种做法,为后世理学和心学的合流留下了余地。

"义"范畴与知行观的关系,朱熹并没有涉及,但是他的"知先行后"为核心命题的知行观无疑表明了他完全消解"义"的外在实践内容。"义"作为道德德目,虽然也表现为道德情感——羞恶之心（正义感）、道德意识——合宜、道德理性——裁制、道德规范——正义，但是"义"作为道德范畴，最重要的含义是其作为道德行为的最终合宜结果。"知先行后"命题，是后世对"义"范畴进行实践改造的最重要障碍，其中蕴含的不合理知识论内容，是阻碍后世道德知识论发展的严重障碍。

### （三）义：公私之辨

朱熹的思想中，蕴含着积极的社会问题关注特点，尤其他一生中进行的几次重大辩论，更体现出他积极的社会问题关注意识。针对南宋面临的军事、经济、思想、外交、政权等一系列问题，朱熹在积极谋求解决之道的同时，还和当时著名思想家展开热烈讨论和激烈论辩；其论辩中涉及"义"范畴的有公私之辨、义利之辨、王霸之辨三个重要问题。

公私之辨在两宋之前，并未正式成为儒家哲学的问题，仅散见于对两者分别做注疏式说明。而在北宋中期之后，尤其儒学的复兴和北宋的政治、科举、选官等制度改革之后，公私之辨正式出现并迅速成为儒学的重要问题。自周敦颐对公私之辨展开论述后，公私之辨与义利之辨便建立了紧密联系，以至于到了"义和利，只是个公与私"的地步。义利之辨与公私之辨的结合，使得它正式成为"义"范畴的重要命题。

而宗法制度作为中国封建社会基本的社会制度，随着士族门阀的衰落，在政治上逐渐淡出历史舞台。作为个人、家庭与国家之间的关系缓冲,宗法制发挥着稳定社会、道德教化、缓解矛盾的重要作用。宋代由于国家内外交困,阶级矛盾激化,在缺乏宗法制缓冲矛盾的情况下,农民起义不断;社会缺乏必要组织进行道德教化,社会风气普遍衰退;个人由于缺乏宗法家庭的约束,越发急功近利;个人对国家的认同感和归属感逐渐降低。针对这些问题,两宋思想家们在研究儒家传统宗法制的情况下,纷纷提出要恢复宗法、建立宗庙等,以此来平衡社会结构,缓和社会矛盾。公私关系和宗法制是朱熹对现实问题思考和研究之后,为调节与缓和社会矛盾而进行的理论建构。

在朱熹之前,并没有思想家对公与私进行形而上的哲学体系论证,朱熹对公私之辨所做出的贡献在于,他将公私之辨发展为具有形而上学高度的理论命题。朱熹的公私观,来源于对程颐公私观的继承和批判,朱熹认为程颐以"公"为"仁"的做法欠妥,他强调两者是体用关系,"'某以仁,惟公可尽之'。伊川曰:'思而至此,学者所难及也。天心所以至仁者,惟公耳。人能至公,便是仁。'先生曰:'人能至公,便是仁,'此句未安。然和靖言仁,所见如此"[1]。朱熹认为程颐以"公"为"仁"是混淆体用之别,"公"只能作为"仁"流行发用的手段。

在朱熹看来,"仁"是人性论的重要德目,是本体天理的"爱之理"投射在人上的体现,而"公"则是"仁"在道德意识、理性中的投射。"公不可谓之仁,但公而无私便是仁","仁

[1]〔宋〕黎靖德编:《朱子语类·程子之书三》,卷九十七,第2486页。

是爱底道理,公是仁底道理。故公则仁,仁则爱","公却是仁发处。无公,则仁行不得","公是仁之方法,人身是仁之材料"。[1] 朱熹将"公"清晰地界定为"仁"的方法和功夫,"公"在人性论中获得了重要地位;与此相应的,"公"也获得了修养功夫论的保证"仁在内,公在外",在这里的内外之别是说其意向性指向,仁强调爱之理和恻隐之心,公强调外在可普遍性。"公"作为"仁"的修养功夫和方法,其目的是要克去人内心的私欲、私意、私心,而实现廓然大公的心理状态,以保证天理的无碍流行发用。

朱熹对"私"的论证,也是从形而上学角度入手的,由于"私"属于道德负面范畴,因而不能直接获得形而上学依据。他认为"私"首先表现为"私意""私欲",也就是人心底所发出的意志,属于个人领域。但是朱熹并不将"私意""私欲"局限在个人领域,而是直接在道德形而上学领域展开论述,"私意是心中发出要去做底。今人说人有意智……私欲是耳目口鼻之欲,今才有欲,则昏浊沉坠,即不高明矣"[2]。在这里,"私意"和"私欲"还表现为个人域的事实,然而朱熹马上将之进行道德判断,也就是欲望能够令人混浊,"私意"必须符合天理的规范引导,必须由个体的私上升到公共的公。他认为个人域的一切事物都应当受到道德的规范和约束,个体之私也属于道德作用的范围,"一言一语,一动

1/[宋]黎靖德编:《朱子语类·性理三》,卷六,第116页。

2/[宋]黎靖德编:《朱子语类·中庸三》,卷六十四,第1585—1586页。

一作,一坐一立,一饮一食,都有是非。是底便是天理,非底便是人欲"[1]。在朱熹对"私"的使用上,必须清楚地看到两种内涵,即个体私人和不合理的私意、私欲。朱熹并未严格区分两者之间的不同,因为在其道德领域中,个体人的价值和个体的界定尚不明晰;个人在当时的道德界定中,是完全属于公共领域组成部分的。个人与公共社会关系的紧张,表现在哲学理论上则是公私在道德主体与道德本体之间的紧张,抑私扬公是理学家们的首要选择。现实生活中,公共领域对私人领域的剥夺,表现在哲学理论上就是"理"对于"私意""私欲"合理内容的剥夺;私由中性词汇而逐渐被消极对待,与不合理、自私等负面范畴等同起来。

朱熹的公私之辨,其实质就是阐明道德合理性,在公共域和私人域之间的选择。道德立足于公共立场,公与私也就成为衡量道德与否的标准;由此相关的道德范畴也为公与私所规定,公私之辨同时成了区分义利之辨、君子小人之辨的主要标准。

在朱熹看来,公私之辨也是区分君子小人之辨的关键因素所在。"君子小人所为不同,如阴阳昼夜,每每相反。然究其所以分,则在公私之际,毫厘之差耳",朱熹直言公私之辨是君子小人之辨的依据;在解释"君子周而不比,小人比而不周"时,他强调"周"即普遍,比即偏党,虽然周与比"皆与人亲厚之意,但周公而比私耳"[2]。君子所谓公,即是合乎天理以普遍而正当的方式行事,

1 [宋]黎靖德编:《朱子语类·论语二十》,卷三十八,第1004页。

2 [宋]朱熹:《四书章句集注·论语集注》,卷一,中华书局2012版,第57页。

出于公心;小人所谓私,即是以不合乎天理以损人的方式行事,出于自私自利的动机。公私之分,其实为道德行为的动机上的区分。

朱熹的公私之辨思想,主要针对"士"而言,他强调士要以公心为官为学为民,明确自身所处的社会地位。他强调士为官首先要具备较高的道德修养,即以君子人格要求并成就自身;同时他强调为官要有"公"心,"官无大小,凡事只是一个公。若公时,做得来也精彩。便若小官,人也望风畏服。若不公,便是宰相,做来做去,也只得个没下梢"[1]。认为公心是为官的根本要求,官职的大小并不能决定其行为正当与否、声誉高低、令人敬畏与否;以公心行公正之事,才是为官之道。

朱熹认为为官秉公执政这一基本要求,足以决定政治成败,"用一善人于国,则一国享其治;用一善人于天下,则天下享其治"[2]。朱熹这种由道德意识出发,以公心行公政,进而实现天下大公的理论进路,恰恰印证了"八条目"的格致诚正修齐治平的逻辑上升进路。

朱熹对公私之辨的论证比较系统化,从本体的天理,到诚意正心,再到修身治国,公私之辨这一伦理道德命题,最终完整融入了儒家知识论和道德修养论体系中。公私之辨在朱熹这里,尚未正式在政治哲学领域展开,公私在他看来尚处于道德动机阶段;但是朱熹将这一问题系统地融入理学体系中,为后世将公私义利相结合,并由

---

[1] [宋]黎靖德编:《朱子语类·论官》,卷一百一十二,第2735页。

[2] [宋]黎靖德编:《朱子语类·论语六》,卷二十四,第582页。

此转化为政治哲学批判的重要理论依据。公私之辨,由道德领域内的理论探讨,到伦理政治领域的转变,体现了中国哲学理论范畴紧密联系实际的特点。

朱熹以坚定的道德立场,维护社会公义。在他看来,封建宗法制作为社会组织结构中必要的枢纽和矛盾缓冲,是社会必不可少的组织形式。正如张载主张恢复宗法一样,朱熹也在积极地维护宗法,以调节社会的两极分化。

宗法制是儒家"礼"的重要范畴,西周时期宗法制一度成为国家政权的根本组织方式。宗法制在两宋时期,无论是其思想渊源还是社会需求都表现得极为突出。而宋代对宗法制的呼唤和对公私之辨的高扬,乃至于义利之辨的重视,三者之间存在着紧密的联系。三者都是社会结构发生两极分化,社会道德滑坡,庶族平民崛起,社会矛盾尖锐,国家内外矛盾激化阶级矛盾等一系列问题在道德哲学领域内的表现。如果说公私之辨是在道德思想领域内引发的对社会问题的反思和探讨,那么对宗法制度的呼唤则是在社会伦理范围内导致的实践上的反思和探索。

与传统礼学不同的是,朱熹所主张的"礼"是针对普通民众基于血缘、地缘等关系建立起的社会组织管理制度。隋唐五代的经济重心下移,政治上士族门阀地位衰落而庶族地主阶层兴起,文化上受到佛道的冲击;社会结构的平民化、世俗化发展趋势,迫使儒家思想不得不做出相应的变革。在朱熹之前,宋太祖以立法形式,肯定了宗法制基本原则,要求恢复宗法组织制度;司马光以

《书仪》开创了宋代礼学平民化先河；范仲淹主张设置义庄以保证宗族的团结和延续；欧阳修和苏洵则分别为自家修族谱，开创了为宗法修家谱的先河。朱熹的《家礼》正是在这种历史背景下产生的，朱熹认为宗法制的意义在于"大抵谨名分、崇敬爱以为之本，至其施行之际，则又略浮文、务本实，以窃自附于孔子从先进之遗意……庶几古人所以修身齐家之道、谨终追远之心犹可以复见，而于国家所以崇化导民之意，亦或有小补"[1]。朱熹作《家礼》的目的在于，在社会底层的平民中建立一套严密而有效的集道德教化、经济合作、社会管理等于一体的社会组织，以期完善社会结构，缓和社会矛盾，进而出现国治天下平的理想局面。

宗法制作为王权政治的必要补充，同时也倾注了思想家们的理想制度设计。儒家思想体系，历来都充满着现实批判和理想设计；儒学虽然选择了在政治和文化等方面与王权合作，但是它总是以社会现实批判为基础而提出理想制度设计，形成具有超越性的价值体系，并以此来制约现实权利。"义"作为伦理道德范畴，在朱熹这里仍旧没有上升到政治哲学的高度；其宗法制设计，以道德作为出发点，在家庭、社会伦理领域落实社会理想，以修身、齐家、治国、平天下为基本上升进路，表明朱熹的"义"思想在理论和实践领域都未突破伦理道德界限。朱熹的宗法制设计出现，表明儒家由内圣开出外王政治哲学思想的理想化特点；虽然宗法制的出现并不意味着历史的倒退，但是以宗法制作为缓

---

[1] [宋]朱熹:《朱子全书·晦庵朱文公文集·程氏遗书附录后序》，卷七十五，第3624页。

和个体与社会紧张矛盾的做法,确实存在对个体独立性抑制的风险。宗法制产生之初自然有其合宜之处,在当时家国一体的社会制度大背景下,其正当性和普适性自然不成问题;然而朱熹的宗法制的正当性和普适性,却是以其无所不包的天理哲学体系为保证的。逻辑(理)世界的基于矛盾律的可能性,等价为现实世界中以现实条件为保证的可能性;价值世界的社会理想预期,等价为现实发展的实际效果,正义问题自然被消解。

朱熹公私之辨思想,表现在哲学思想中,即表现为道德哲学内行为动机上公心利他和私心利己的区别。而宗法制,则是公私之辨在现实伦理制度上的尝试,宗法制设计可以看作是对当时紧张的公私关系的调和。宋代哲学对公私之辨的强烈关注和理论上的多重突破,蕴含着儒家哲学的新发展。

### (四)义:义利之辨

朱熹结合其天理说对义利之辨进行阐发,在对义利问题进行讨论时,朱熹总是将之与其他问题相纠缠和等同。义利之辨和公私之辨、天理人欲之辨、道心人心之辨、王道霸道之辨相互交错,在丰富其内涵的同时,也将这一问题复杂化。从义利之辨的历史性发展来看,道德范畴的义和现实生活的利之间,总是呈现出一种紧张对立的状态。道德理性和理想往往决定着人的现实行为选择,义利之辨基本都是以道德动机为核心而展开的。朱熹这里,义利问题突破了动机这一界限的限制,开始获得形而上学意义上的探讨。

从义利之辨产生,宋代对义利之辨讨论的结束,义利关系一直是处于截然二分的状态。从"君子喻于义,小人喻于利"这一经典命题出现之后,义利就被分别赋予了善恶含义;义成为人的道德根本规定性之一,而利在道德领域内则一直被作为消极范畴对待。义利之分,实质上是基于人的理想人格的区分。从最初的君子小人之别,到"正其谊不谋其利",再到"义和利,只是个公与私",再到"交出并见"的成人之道;利益背后的区分标准,从人格之分到动机之分再回归人格,体现了矛盾辩证发展的规律。儒家道德哲学意义上的义利关系,一直就是在理想人格设计的基础上展开的;无论是公私、理欲、王霸,都是儒家理想人格某个侧面的展开。义利之辨并不是在实践领域中,在行为选择是求义或是求利何者优先或正当的区别。明确了这一点,就已经在理论上澄清了以往对儒家义利观的误会,同时便于理解义利二分的必要性和诸多区分标准的不合理性。

在朱熹的哲学体系中,利是作为义的矛盾对立面存在的,两者的含义在范围上构成补集关系。与义作为人性本质规定不同,利在理论结构上处于形下现象范围内。朱熹认为利即是人欲之私、人情之所欲,是处于已发阶段的感性欲求,"小人则只计较利害……小人只理会下一截利,更不理会上一截义"[1]。在朱熹看来,所谓利也就是在心之已发阶段,只计较个体利害,而不顾及是否会损害他人,进而忽略道义的制约和自我规范。朱熹对于义的界定,除

---

[1] [宋]黎靖德编:《朱子语类·论语九》,卷二十七,第701-702页。

了羞恶之心外,基本都属于未发阶段;同时在心之已发阶段,义也表现为天理作用而产生的道德耻感。无论是已发还是未发,在两个阶段中,义总是和利有着严格的区分,并表现出截然对立的状态。

在朱熹关于本体和现象、体和用的结构划分上,作为道德动机、意识等都属于已发内容。在已发范围内,羞恶之心、为公、利他等,与私欲、私意、利己、为私处于混杂的交错状态。义利两者在已发之心范围内的交错和混杂,势必造成紧张的矛盾斗争关系。义利之辨在这一范围内的矛盾斗争关系中,由于儒家思想对义的一贯褒扬,使其具备了先天的道德优势,因而在矛盾斗争中往往处于绝对优势和决定性地位。

朱熹对义利的认识,不仅仅局限于已发之心内的探讨,从他在形而上学层面对"义"的论述中,可以看出他为将义利问题上升到天理高度努力。义利之辨从已发之心的范围,合理地上升至天理的形而上学高度,中间需要阶段性过渡——道心与人心。已发之心范围内,作为心之本体的性与心之末用的情是混杂的;性作为天理在人身上的落实,其本然存在状态是理。人性论上的理气相杂,导致了"心"内容的混杂;作为义理动机的公正和私欲,已发之心内部构成了矛盾关系,两者分别指向道心——天理、人心——人欲。义利之辨,从动机上的轻重之分,到"心"上的体用之别,再到理本论上的理欲之辨,义利关系获得了形而上学的论证。

在朱熹看来,义是利的最高存在方式,义包含了利。在义利关系的处理上,他接受了董仲舒"正其谊不谋其利,明其道不计其功"的重义轻利态度,并将这种思想做了进一步的发挥。"正其谊,则利自在,明其道,则功自在。专去计较利害,定未必有利,未必有功"[1]。朱熹此说虽然还停留在动机论的层面,但是他已经注意到了义利之间的体用、本末关系,认识到了义利从动机到结果的不平衡发展。"仁义根于人心之固有,天理之公也。利心生于物我之相形,人欲之私也。循天理,则不求利而自无不利;殉人欲,则求利未得而害已随之"[2]。朱熹从义利的理论来源和结果上,分别讨论了义利之间的巨大差异;他认为源于天理的义和源于人欲的利,两者关系应当如天理人欲关系一样,是不可调和的矛盾关系,而对待两者的态度自然也是一存一灭。

义利关系,既然获得了形而上学的论证,那么有必要对这一关系的内涵做一次梳理。首先明确的是,义利关系的根本点在于动机,动机背后的理论依据是理欲之辨,就这一问题的理论根本归属来看,它依然属于已发之心范围。其次,就与义利之辨联系最为紧密的问题——公私之辨上说,公私虽然也是其行为意识的意向性差异,但是公私主要强调的还是道德动机。公私之辨与义利之辨的差异在于,公私之辨强调的是社会存在的个体性需求和群体性需求的差异,公私之辨因此仅能作为义利之辨的理论组成,而不能直接作为义利之辨来解决问题。个体性需求其中不乏合理性,而群体性的欲求也未必皆是合理的;程颐的"义与利,只是

1 / [宋]黎靖德编:《朱子语类·论语十九》,卷三十七,第988页。

2 / [宋]朱熹:《四书章句集注·孟子集注》,卷一,中华书局2012年版,第202页。

个公与私",他显然是将公私理解为个体性和普遍性,以公私为义利,显然是忽略了义的正当性和适宜性真实内涵。

总之,在朱熹这里,义利关系是获得形而上学论证的,理欲之辨、公私之辨、道心人心之辨在朱熹的思想中,紧密地结合在一起,进而形成完整的结构。值得说明的是,正是由于义利之辨融入理气论,形成严谨结构,后世思想家往往以义利之辨为突破口,通过对个体动机和利益的强调,以修改义利含义的方式来反驳朱熹的理学思想。

义利之辨不仅仅在动机分析上具备普遍性,同时在实践应用范围内也具有普遍性,而这是由天理的普遍性来保证的,即"凡事皆有一个合宜的道理"。朱熹对处于不同社会地位的义利选择分别加以论述,而针对社会角色的不同,有意识地对应不同的范畴。如为官,义利之辨上强调"公心","官无大小,凡事只是一个公。若公时,做得来也精彩。便若小官,人也望风畏服。若不公,便是宰相,做来做去,也只得个没下梢"[1]。针对平民百姓,"知得事亲不可不孝,事长不可不弟,是为义之本"[2]。对有道德修养的君子而言,"朋友若以钱相惠,不害道理者可受……若以不法事相委,却以钱相惠,此则断然不可"[3]。"且如有白金遗道中,君子过之,曰:'此他人物,不可妄取'"[4]。无论是强调公和

1/[宋]黎靖德编:《朱子语类·论官》,卷一百一十二,第2735页。

2/[宋]黎靖德编:《朱子语类·论语二》,卷二十,第461页。

3/[宋]黎靖德编:《朱子语类·学七》,卷十三,第242页。

4/[宋]黎靖德编:《朱子语类·论语九》,卷二十七,第702页。

仁，还是强调忠和恕，义利之辨作为道德经典命题，其一贯主张就是重义轻利。

儒家在基于道德本位立场，在现实生活实践上一贯强调"重义轻利"，但是"重义轻利"并不意味着存义灭利。重义轻利这一主张，自出现以来便受到许多攻讦，而其理由无非是人不能无利。对重义轻利的质疑固然无可厚非，但是以不能无利为论据，则是对这一经典命题的误解。所谓重义轻利，是强调道德理性、原则、原理等对于现实求利活动的引导和制约；利益和求利活动并不具备道德原则意义，"重义轻利"这一道德命题属于对义利关系的处理，其实质是强调道德理性在义利选择上的优先性。

重义轻利这一命题中，包含着对求利活动的肯定，认为利须合乎义，而非一味求利。如朱熹以饮食举例，他认为追求饮食行为即是人的求利活动，是人之利；然而"食嗟来之食，饮盗泉之水"则以利害义，故而不可取。重义轻利对义利关系的处理，以义为中心，强调义的优先性，在一定程度上确实存在以义害利的情况，就像重利会产生以利害义情况一样。由于儒学以道德为本位的思想传统，思想家们由此实现的哲学体系建构，往往会不自觉地产生反道德倾向和事实。朱熹以天理无所不包的普遍性，论证了道德的普遍适用性；然而义利之辨的普遍适用性，不等于其运用的普遍化。求利活动包含着道德领域和非道德领域两重分离，重义轻利在求利活动中无限制使用，自然导致以义害利。朱熹的义利之辨，缺失之处在于他并没有严格限定重义轻利的使用范围，他对义利之间补集关系的界定显然是错误的。道德正义和现实求利，两者无论是在认识还是实践上，都属于相互促进、矛盾辩证的交叉关系，以义制利和见利思义的结合才是正确处理义利关系的方式。

由于朱熹将重义轻利这一道德主张与理欲之辨相结合，因而使其获得了形而上学上的论证。然而，将这一紧密结合实践活动的行为指导性命题，获得形而上学论证之后，便不可避免地与现实实践相分离；而人们由于将道德范围内的轻重权衡理解为存亡取舍，因而就将这主张误解为禁欲主义或不必言利。关于伦理学范围内对道德意识动机的探讨，已经多到不胜枚举。无论是以感性意识和欲望为原则的快乐主义，还是以理性原则和道德律令为原则的禁欲主义、道德义务论；无论是以行为实际效果为标准的道德实用主义，还是以具体实践境遇为标准的道德境遇主义。综合以上种种道德学说，他们的共同点都在解决行为的正当性问题，以感性的欲望和求利心为原则，显然不符合道德普遍性和适宜性的要求。以理性为道德立法，这是康德式道德义务论的主要观点，也是儒学自古以来的不自觉标准；然而与康德不同的是，儒家的道德义务论从一开始就强调义务的双向性，它以道德的双向性，取代现代伦理学对权利和义务的区分，表现出了鲜明的实践性特征。

（五）义：王霸之辨

王霸之辨也是朱熹"义"思想的重要组成部分，"义"范畴由于具备天理这一本体的理论支持,因而在朱熹的理学体系内具有普遍适用性。义利之辨与历史哲学思想相结合,便产生了朱熹的王霸之辨。王霸之辨作为儒家政治哲学和历史哲学命题,是儒家政治理想在历史观上的体现,也是王道政治寻求历史哲学论证的重要体现。王道与霸道,儒家春秋学中论述较多,然而朱熹的王霸之辨的立足点和落脚点均不在此。王霸之辨的出现,是他有意识地辩驳浙东学派思想,尤其以重利主义为核心的历史哲学思想的重要体现。

朱熹的王霸之辨思想,主要源于他在提举浙东期间,与陈亮就浙东学派的重利主义和主张霸道政治问题展开的激烈论辩。在朱熹看来,浙东学派的重利思想已经背离了儒家重义轻利这一基本道德原则;同时主张霸道政治,也是对儒家道统说和王道政治的破坏。针对陈亮等人的重利倾向和混淆义利与利害的思想问题,朱熹重提义利之辨。

朱熹认为,浙东学派凡事均以利为出发点,事事计较利害的做法,与儒家重义轻利的传统相背离;将利害和义理相混淆,认为从利害计较中看义理,这无疑从动机上取消了义的优先性。义利双行无疑也在本体领域,背离了朱熹的天理至上性,混淆了体用之别、本末之辨。因此朱熹在信中不禁感慨"今日之病,唯此为大"。

重利主义思想由于出现时间较晚,且在宋代仅仅是作为地域性思潮出现,因而无法形成系统化的形而上学论证,其理论出发点必然是经验的分析和反思。这一点,反映在经典研究领域,自然是以注重经验性最强的史学研究，尤其是春秋学中《左传》的研究。义利动机之别，反映在历史观上，就是统治手段上王道与霸道之别。在朱熹看来，王道政治是内本义理，外行仁政；霸道政治则是内本私欲，外假仁义，也就是"心乃利欲之心，迹乃利欲之迹"。

朱熹的义利观，在遭遇浙东学派义利观之后，呈现出了理论上的不足。朱熹在道德意识上的重义轻利倾向，直接影响了他对义利的理论建构；他以义定利的做法，将利的内涵和外延逐步压缩，并将义利交叉部分全部划归为义，截断了义利之间辩证理解的可能。而陈亮以利说义的做法，则恰恰相反，他以利为中心，将义理解为利的合理化结果。两人对义利各执一端，充分表明了当时平民经济兴起带给儒家伦理道德的冲击。

朱熹的义利观，代表了当时儒学的正统道德立场。反对以利说义的立场是正确的，但是必须承认的是，由于其义利观存在理论建构上的不足，其重义轻利的义利观，并不能真正解决由社会经济发展带给道德观念的危机。朱熹由义利观出发阐发的历史哲学观，强行以王霸将历史二分的做法，也表现出了其政治哲学和历史哲学理想化的特点。

朱熹继承了先秦以来主流历史哲学观——今不如昔的历史退化论。这一历史哲学观的核心是道德，也就是主张三代以来的历史发展，呈现出道德逐步退化的态势。如孔孟推崇三代王道政治一样，朱熹也认为三代王道政治是儒家理想化政治制度设计。他认为夏商周三代帝王均能以"道心"(天理)治理天下,行为动机上是"仁义为先,而不以功利为急",属于王道政治;秦汉隋唐帝王则是以"人心"(人欲)治理天下,因而事事以功利为先,导致了"举世没于功利,而不知仁义之固有",属于霸道政治。

朱熹认为王道政治表现为义理公行、政治清明、人民淳朴;霸道政治表现为社会黑暗、人欲横流、阶级矛盾紧张。在分析两种政治的基础上,朱熹将其天理思想在政治和历史哲学领域做了发挥和演绎;他以天理为根本,以义利之辨为标准,区分了王道与霸道两种政治的内涵。

"古之圣人致诚心以顺天理,而天下自服,王者之道也;后之君子能行其道,则不必有其位而固有其德矣。故用之则为王者之佐,伊尹周公是也;不用则为王者之学,孔孟是也。若夫齐桓晋文,则假仁义以济私欲而已。设使侥幸一时,遂得王者之位而居之,然其所由,则固霸者之道也。故汉宣帝自言'汉家杂用王霸',其自知也明矣。"[1]

由于儒学伦理道德本位的特点,无论是政治哲学还是历史哲学,都未能逃脱出道德的桎梏。在宋代,无论是理学的朱熹、心学的陆九渊,还是事功学的陈亮、叶适,都没有自觉地意识到政治哲学和历史哲学的独立性。他们以道德论政治、说历史,自然不能避免失之偏颇的境地;然而伦理政治作为中国古代的主要政治形式,在对其进行分析和批判时,自然不能不重视道德

---

1 /[宋]朱熹:《朱子全书·四书或问·孟子或问》,第250页。

的作用。朱熹以义利将政治区分为王道和霸道政治，并由此宣扬历史退化论，则体现了哲学思想理想化的特点。

朱熹以义利说政治，也有着其特殊的用意，即符合《大学》格致诚正、修齐治平的理论进路；朱熹希望从个体出发，通过个人道德修养的提升，以内圣开出外王。就中国古代政治的人治特点，不得不承认，朱熹以道德论政治的做法，无论是在理论建构上还是在实践操作上，都具有强烈的现实意义。朱熹希望通过道德教化的方式，借助宋代王权政治"与士大夫共治天下"的局面，以区分王道和霸道为手段，力图论证宋代王权政治再现"王道"中兴的气象。同时，朱熹以王道学说讲仁义、顺天理而天下咸服的理想，劝慰统治者重仁义、行王道、服远人，表明了他积极的现实问题关注意识。

朱熹的王霸之辨，从侧面反映了南宋时期王权政治面临的复杂局面。由于政权积贫积弱的政治局面和外部侵扰的国仇家恨，国内尖锐的阶级矛盾和士大夫内部权力派系的斗争，南宋自上而下均呈现出急功近利的倾向。国家政治日益昏暗，急功利而弃仁义的官僚往往把持政权，不顾外部国仇之耻和内部阶级矛盾，唯利是从；民间则由于尖锐阶级矛盾和平民经济的崛起，人们日益关注个人权利，要求摆脱繁重的阶级压迫，追求个人权利。上下交相求利的局面，加速了内外矛盾的发展；朱熹企图以儒家内圣到外王的基本思想进路，以道德为而核心，以义利之辨、公私之辨为主要问题，逐步向道德教化、经济发展、政治哲学、历史哲学等多领域阐发，来解决社会存在的复杂矛盾。王霸之辨是朱熹"义"范畴在政治哲学领域的具体展开，也是"义"由内而外逐步展现的逻辑进路体现。"义"范畴与政治哲学的结合，体现了"义"由格致认识论向道德修养功夫论，再到治国平天下的政治哲学论的逐步发展，是"义"范畴在儒家"三纲八条目"上的具体落实，同时也从侧面证明了朱熹理学体系结构的严谨性和体系化特征。

朱熹的"义"思想，在体系化和逻辑化上，达到了前所未有的高度，同时也在现实问题关注上达到了前所未有的广度。可以说，朱熹的"义"思想创造了中国古代"义"范畴哲学发展的巅峰。朱熹的"义"范畴，以至高无上的"理"本体为依据，以理本论为形而上学理论依据，以人性论为道德哲学根本理论，以体用二分为基本方法，以已发未发剖分道德思维意识的不同状态和性质；又以义利之辨、公私之辨、天理人欲之辨、道心人心之辨、王道霸道之辨等各类问题紧密结合，形成了一个由现实问题为切入，以形而上学基本理论为保障的应用伦理学，达到了"义"范畴研究前所未有的高度。虽然朱熹哲学无论是理气论、心性论、体用论、义利观等都存在不小的问题，但这些问题多数是由于历史局限性、阶级局限性、理论认识逻辑方法局限性和实践局限性造成的；关于这一点，在研究中要求我们必须以同情和理解的态度看待。

## 第七章

# 两宋时期的义思想：义即本心

陆九渊（1139—1192），字子静，号象山，江西抚州金溪人。陆九渊在宋明理学家中独树一帜，他独创了宋明理学的"心"学一脉，与理学一脉相抗衡，对后来中国哲学的发展产生了深远的影响。作为宋明理学中"心"学的创始人，陆九渊的思想核心就是其"本心说"。陆九渊的义思想也是从其本心说发展而来的，其义思想从"心"出发，在义利之辨和修养功夫上都讲究动机的重要性，在义利之辨问题的回答上别出心裁，而且容易把握。理解陆九渊的义思想，必须把握其心学体系。

陆九渊在宋代诸多理学家中个性最为突出，无论是心学独特的学术特点，即席阐发义理的机敏思辨能力，还是豁达的人生境界以及颇具传奇色彩的学术经历，都足以证明陆九渊作为哲学家的不凡。据《象山先生行状》记载，陆九渊天生聪颖过人，三岁时就提出"宇宙何所穷际"的问题，"深思至忘寝食"。八九岁时，听人吟诵程颐著作，颇不赞同，认为"伊川之言，奚为与孔子、孟子之言不类"，认为理学的思想已经偏离孔孟之道。十几岁时提出"宇宙即是吾心，吾心即是宇宙"的学术主张，开始正式走向心学之路。在淳熙三年（1175）的鹅湖之会上，陆九渊与朱熹针对二人学术分歧展开讨论，正式提出"心"学这一"易简功夫"之学以反对朱熹理学的繁琐论证体系。虽然二人的讨论并未获得统一意见，但在之后两人常常互通书信以探讨学问，在学术争论中排除门户之见，在相互尊重的自由论争中实现了共同进步，为中国古代哲学的进步起到了巨大推动作用。

## 一、义即本心

陆九渊的"本心"一词，得之于孟子，"是亦不可以已乎？此之谓失其本心"，（《告子上》）陆九渊对"本心"这一概念做了本体意义上的发挥，使"本心"成为本体意义上人所具有的先验道德理性。"本心"从原本的道德意识上升为道德本体，这一即本体即功夫的概念，使之得以贯穿知行，进而将孟子仁义上升到本体高度，成为仁义本心。

陆九渊的"义"思想特点，是将义与本心相结合，以仁义本心规定人的道德本质。他直接将仁义等德目与本心相结合，以其易简功夫取代程朱理学的繁琐论证，反对程朱理学对人性的才与性二元区分。他在本体角度直接赋予人成贤成圣的可能性，将本心规定为人人具有的道德善本性，极大地突出了人的道德主体性，唤醒了人的道德主体意识。依据陆九渊弟子付季鲁的说法："先生之道,精一匪二,揭本心以示人,此学问之大致。"直言"本心"为陆九渊学问的根本所在;"本心"在陆九渊这里既是先验道德理性,同时也是道德之理。

## (一) 仁义本心

陆九渊将孟子的"不虑而知,不学而能"的良知良能提炼为"本心",也就是人人都具备的先验道德理性。在先验道德理性中,人们获得道德原则的指导以及道德意识和道德情感的激发。

"本心"的具体内容,在陆九渊看来就是孟子所说的"仁义之心",是人所固有的先验道德理性在具体道德行为活动中的体现。仁义本心,在陆九渊看来是涵盖了道德理性、道德情感、道德意识、道德原则等道德内容的;作为人的"良心",它对一切符合道德的行为负责,反之不道德行为的产生也就意味着"本心"的"丧失"。"本心"作为先验性固有存在,并不可能真正丧失,只能是被遮蔽。能够对"本心"造成遮蔽影响的是外在引发的物欲和内在产生的意见,两者的共同特征是非理性和个体主观性;"本心"作为陆九渊的思想核心,是具有一切道德行为根源意义的存在。陆九渊的"本心"与程朱的"理"、周敦颐的"诚",作为最高理论范畴,在其自身看来都是具有"道统"意义的古圣先贤代代相传的精神传统——"道"。陆九渊认为,无论是三代先王的教化还是儒家经典,都是围绕"本心"展开的具体行为及其结果,无论是先王的道德教化还是具体的"庠序之教"的教学活动以及在此基础上形成的儒家经典,其目的都是让人"不失本心";同时作为儒家内圣外王之道的《大学》之道,修齐治平之教义也是为了"不失其本心"。

陆九渊的"本心"在他自己看来同时也是事物之所以然的理,也就是事物最高统一性的理。"此心此理,我固有之,所谓万物皆备于我,昔之圣贤先得我心之所同然者耳"[1],他认为理是具有跨越时空限制的绝对性存在,也是人之所同然的理。"圣人与我同类,此心此理谁能异之"[2],理不仅仅是事物所以然的最高统一性,同时也是道德理性,是人们共有而无例外的先验性存在。"理乃天下之公理,心乃天下之同心,圣贤之所以为圣贤者,不容私而已"[3],理同心一样,都是具有最高普遍性的道德本质规定性,是圣贤之所以为圣贤的本质所在;"人同此心,心同此理","盖心,一心也;理,一理也。至当归一,精义无二,此心此理,实不容有二"[4],此二者则强调了心与理的同一性,这里的"心"不再是道德意识或者道德知识、道德能力等,而是作为本体含义的本心。心即是理,意味着两者分别作为先验道德理性和道德事物最高统一性的性理,在相互作用的基础上形成了"心—理"一体的结构。

陆九渊的"心—理"一体结构比较粗疏,从其所留文献中不难发现,他在无论是"心"还是"理"的使用上都具有多义性;同时"心"

1 / [宋] 陆九渊:《陆九渊集·与侄孙濬》,钟哲点校,中华书局1980版,第13页。

2 / [宋] 陆九渊:《陆九渊集·与郭邦逸》,第171页。

3 / [宋] 陆九渊:《陆九渊集·与唐司法濬》,第196页。

4 / [宋] 陆九渊:《陆九渊集·与曾宅之》,第4—5页。

和"理"概念都需要在认识的基础上加以区别,才能够避免对本心说在理解上产生矛盾和误解。首先就"心"而言,在其使用中我们发现本心含义和认识心的含义时常混淆使用,如"四端者,即此心"和"心于五官最大"同时出现在《与李宰》一篇文本中,本心和认识心混淆时常为其学说带来误解;如"心即理"这一命题,从"认识心"含义上来理解这一命题意味着认识即合理、知觉即理性、真理即意见,这显然是不符合陆九渊本意的。陆九渊的"心",从先验道德理性上说,显然是对程朱理学以"理"为人性本质规定性的反动,也是对孟子仁义本心"非外铄于我"的继承,证实了其"伊川之言,奚为与孔子、孟子之言不类"[1]的结论;从认识心——认识能力、直觉这一含义上讲,又说明陆九渊是重视道德认识和道德知识的,这种格物致知的倾向与程朱理学重视外部知识的思想特点是一致的。

对理的理解同样具有歧义性。首先陆九渊的理具有客观现实性,"此理乃宇宙之所固有"[2],理并不是附属于先验理性的存在以及认识的结果,外部世界固有的存在和内在先验理性之间的内外区别,显然给"心即理"这一命题带来了冲击。"此理在宇宙间,未尝有所隐遁,天地之所以为天地者,顺此理而无私焉耳。人与天地并立而为三极,安得自私而不顺此理哉?"[3]理是外在客观事物运行的必然规律,与作为先验道德理性的"本心"显然又是

1 / [宋]陆九渊:《陆九渊集·覆谥》,第386页。

2 / [宋]陆九渊:《陆九渊集·与朱元晦》,第28页。

3 / [宋]陆九渊:《陆九渊集·与朱济道》,第143页。

不属于同一范畴的，如果说上一层含义仅仅是冲击，那么不同论域的差异则直接质疑"心即理"这一命题的合法性。

无论是作为先验道德理性的心还是作为知觉认识的心，其与理的客观必然性与事物客观必然规律之间都不可能是生成关系，也不可能是同一关系。陆九渊所谓的"心即理"这一命题及其构成的"心—理"一元结构，其成立有着严格的论域限制和逻辑前提；"心即理"在陆九渊这里仅仅是道德本体论领域内，人的先验道德理性同道德法则之间的相互生成和促发关系，与具体的道德认识和客观规律之间并无关联，与王阳明的"心外无物"虽然具有学术上的统一性，但是两者之间却有着根本的区别。

仁义之心是陆九渊继承孟子的说法，孟子的仁义之心是良心，也就是不学而能、不虑而知的良知良能；陆九渊对之的改造是"仁义者，人之本心"，陆九渊直接将仁义作为"本心"的内容，体现了他对仁义这一儒家核心思想内容的重视。仁义由孟子亲亲之仁、敬长之义的道德情感，通过尽心知性的功夫，成为道德知识和道德原则，同时又由行仁义的原则内化为由仁义行这一过程，上升为道德本能；仁义在陆九渊这里又实现了一次新的诠释——将仁义本心上升为先验道德理性，成为具有本体意义的存在。

"义"范畴在陆九渊这里时常是仁义连用的，这表明陆九渊学说的又一特点——内外合一。正如儒家对仁义的界定一样，虽然强调仁义内在，但是仁义在内外的关系上是不对等的。仁并不能外化为道德规范和道德原则，它仅仅作为内在化的道德情感、道德意识和道德原则;由于儒家一贯的"义以方外"的认识,义作为道德意识和道德原则是内在的,但是它必须在同外部事物的具体实践关系上才得以成立,可以说一开始"义"就具备了沟通内外的属性。仁义本心这一命题,显示了陆九渊心学建构的朴素性,同时也表明心学作为对理学的反动,其先天优势在于突出了道德的内在性这一本质属性——人的主体性和主观能动性。

## (二) 仁义与才性

程颐对人的道德能力做了才和性的区分,性作为先验道德理性是属于形而上领域的抽象内容;才作为形而下的道德知识、道德意识、道德情感属于道德域的现实内容。才与性的关系同时也是实然道德因素与应然道德目标的关系,气质之性经由去私灭欲的修养功夫,实现天命之性的复归。程颐这一理论是儒家人性论内部问题发展到一定阶段的集中体现。实然与应然、善与恶、先天与后天、理与气、情与性、已发与未发、天与人等新旧问题在儒家哲学思想发展中,层累而不加解决地叠加在人性论之中。天人二分到理气、理欲二分,再到体用二分,人的先天道德能力与道德目标之间距离越来越大,繁琐的道德问题论证使得道德问题的理论范式建构越来越僵化,儒家人性论理论范式的转变,已经内在地蕴含在理学建构之初——周敦颐和程颢重视心性的内在体验,与程颐、张载、朱熹重视外在事物和知识的论证之间呈现出了哲学的两歧发展。

陆九渊虽然是心学一脉的创立者，但是无论其思想理论来源还是哲学思维进路，都内在蕴含在儒学发展的历史过程中。针对儒学思想的哲学化体系化建构造成的思想僵化和繁琐，陆九渊大胆地提出"本心"理论，抛弃以往繁琐的理论模式，使得道德问题由"支离事业"变为"易简功夫"。"本心"这一概念，直接将先验道德理性赋予每一个人，在理论上直接赋予每个人成圣的先天可能性；"本心"改变理学思想逐外的思想进路，将道德问题直接诉诸每个人的先验理性，破除了道德知识化、原则化造成的权威、权力、信仰、能力等因素对道德的不良影响。对人性论的才性区分，虽然赋予道德原则和道德意识以先天合理性，但是认识能力、实践能力、道德意识等道德因素的现实差异性也被诉诸先天，这在很大程度上为命定论留下余地；道德因素的现实差异被先天化的同时也被价值化，这一做法在道德领域内部造成了事实上的不平等。才性二分使得道德情感、能力等因素的形上化而获得普遍必然性的同时，在现实生活中被价值化，因此而造成了事实上的不平等和不公平。

陆九渊的"本心"思想，虽然在哲学方法上避免了程朱理学才性之辨理论上的繁琐，但是作为初创的理论，其问题更加突出。首先"本心"作为先验道德理性，它同时也是本体领域的命题预设，陆九渊本心之心和认知之心在语言使用上和认识实践上往往很难区分，这给其理论带来了流于主观意见和束书不观的反知识危险。陆九渊的"本心"理论，以仁义作为道德的核心内容，将儒家思想中具有"道统"意义的理论改造为易简的理论；在道德问题的解决上将繁琐的道德知识论证转变为道德直觉能力的发挥，使得"义"范畴在历史发展中获得了新的发展可能性。"支离事业"向"易简功夫"的转变，同时也反映了南宋的思想文化发展重心，由精英文化核心逐渐下移至市民文化的历史事实。如果说儒学由经学向理学的转变，体现的是社会结构变化这一外因通过儒家思想自身危机这一内因而发挥了作用，那么理学和心学的矛盾对立则是儒家思想内在矛盾式发展，以适应社会文化结构转变的事实。

陈正己问："陆先生教人何先？"（傅子渊）对曰："辨志。"正己复问："何辨？"对曰："义利之辨。"陆九渊对此的评价是："若子渊之对，可谓切要。"[1]

通过陆九渊和弟子之间的对话，不难发现陆九渊的心学在道德问题上对动机的重视。"志"也就是动机，依据《说文解字》"志，意也，从心"的说法，陆九渊所强调的志即是道德动机。在陆九渊看来，行为是否具有道德价值，首先必须从其行为动机上考察；辨志之后的义利之辨补充，说明陆九渊的"义"范畴有着明显的重视动机的立场。陆九渊之后在白鹿洞书院讲述"君子喻于义，小人喻于利"问题的时候，即席发挥义理，以动机来衡量和考察义利问题，通过对道德动机的强调来区别君子小人。"人之所喻由其所习，所习由其所志。志于义，则所习者必在于义；所习在义，斯

1 / [宋] 陆九渊：《陆九渊集·语录上》，第398页。

喻于义矣。"[1] 动机决定了行为习惯，行为习惯决定了道德操守和道德选择，君子和小人的区别，从根本上讲就在于动机。

陆九渊的仁义本心命题，不仅仅强调仁义的先验道德理性这一方面，同时也强调仁义作为道德动机和道德意识的重要性。义作为道德意识和道德行为动机，其重要性在于它从实践上构成了道德体系的基础，"某观人不在言行上，不在功过上，直截是雕出心肝"[2]。陆九渊将人的道德实质规定诉诸动机，义作为动机已然和仁义本心建立了确定的联系。

在道德问题上重视动机是儒家思想的一贯立场，董仲舒的"正其谊不谋其利"更是将义利问题方面重视动机的传统发挥至绝对。陆九渊和以往哲学家重视动机的方式不同，它将动机与先验理性原则结合起来，强调本体和功夫的同一性，仁义本心在行为上直接体现为仁义动机——志。仁义本心和仁义动机的本体与功夫、体和用关系，两者由仁义直接贯通，在一定意义上意味着知行合一；事实上，心学范围内的本体与功夫关系往往也就意味着体用一源、显微无间，王阳明将本心说发挥为良知，变道德本心为知行本体，将这一心学内在命题发挥到了极致。

## （三）知行合一

陆九渊在义利之辨问题上表明了其知行合一立场，他认为"人之所喻由其所习，所习由其所志"[3]，所喻、所习、所志三者分别指代的

---

1 /［宋］陆九渊：《陆九渊集·讲义》，第275页。

2 /［宋］陆九渊：《陆九渊集·语录下》，第466页。

3 /［宋］陆九渊：《陆九渊集·讲义》，第275页。

是道德教化方式、道德行为习惯、道德动机，动机"志"决定了习惯"习"，习惯"习"决定了教化"喻"。仁义之心作为"四端之心"的组成部分，是即本体即功夫的存在，陆九渊这里的功夫也就是动机。

仁义本心作为陆九渊对孟子仁义本心说的形而上学发挥，本心被称为仁义本心，与孟子的"四端之心"在逻辑结构上是一致的。孟子强调"四端之心"的不虑而知、不学而能，强调仁义非外烁于我和由仁义行，无非是要表明仁义作为道德动机和道德理性的先验性；陆九渊认为"四端之心"即是孟子和他本心说的一致之处，"存之者，存此心也。故曰：'大人者，不失其赤子之心。'四端者，即此心也"[1]，陆九渊在这里表达了四端之心即是仁义本心的意思，仁义既是本体之心又是动机之心。

陆九渊将义发挥为本体和动机的结合，由本心到动机，由动机直接到行为习惯，这和孟子"由仁义行，非行仁义"的命题是一致的；两者都强调仁义作为人的道德动机和道德理性在知行上的合一，内在道德意识和道德动机直接决定外在道德行为习惯。知行合一即是通过道德修养功夫"行"，将外在的道德原则、道德规范等知识内化为内在道德意识和道德本能——内在"知行合一"；先验道德理性的义——本体"知行合一"，经由道德动机之义——内在"知"，激发为道德意识、道德情感之义——内在"行"，进而外化为道德行为——外在"行"，"由仁义行"这一道德实践领域的

---

[1]［宋］陆九渊：《陆九渊集·与李宰》，第149页。

知行合一与仁义本心的道德意识领域知行合一，构成本体与功夫的内外合一、知行合一。

义，在陆九渊的心学思想体系中，表现为贯通本体与功夫、形上与形下、内与外的道德统一体。"义"范畴在陆九渊这里的发展，体现了道德问题的内在发展要求和归宿，即知行合一；义这一范畴从道德原则内化为道德意识，在孟子这里此道德意识又被内化为道德情感和道德理性，"义以方外"的命题体现了义由内向外的实践进路，持义、守义的修养功夫又使外在的道德原则内化。"义"范畴由内之外，又由外之内的双向进路，内外关系长期以来并未发展为知行问题；而"义"范畴经由陆九渊的本心说的改造，初步将义思想的知行合一问题提出，为义由道德理论命题向知行合一问题转化提供了理论基础。

## 二、公私与义利

由于宋代社会结构和政治结构的转变，"公私之辨""义利之辨""王霸之辨""理欲之辨"等成为主要的社会主题。义利、公私等社会思潮与儒学的大转型相互作用，使得此类社会主题进入理学家思想中进而发展为内圣外王之道的组成部分。古典经学思想与当时社会问题、儒学发展转型与知识分子社会角色自我定位、社会结构转变与社会正义的呼唤，此类问题丰富了宋明理学内容，也成为思想家们立身行道的现实基础。

## (一) 公私之辨

公私问题经过北宋理学家们的研究和发展,对"公"和"私"概念的基本界定已经清楚,"公私之辨"由宏观的、形而上的、抽象的哲学体系范围内的思考,逐渐向现实问题关注转变。从朱熹思想中不难发现,义利论公私向义利论王霸的问题关注转变,预示着公私问题作为社会生活范围内的义利关系向道德哲学体系内义利问题过渡,其思想发展的历史任务已经基本完成;公私之辨与义利问题由合流到分化,预示着个体的社会意识开始逐渐苏醒,公私之辨最终发展为政治哲学的君权民权之辨,表明儒家哲学发展规律的特殊性以及中国哲学思想范畴发展变化的特殊性。

陆九渊将心学界定为"此道本日用常行",他摆脱了程朱理学看待和分析现实问题的繁琐性和复杂性,由仁义本心出发,直面现实问题。针对南宋阶级矛盾、民族矛盾、社会矛盾尖锐的现实,他在继承孟子思想的基础上,为维护社会稳定、解决现实问题,而将孟子的"民为贵,社稷次之,君为轻"改造为"民为邦本"。

"天生民而立之君,使司牧之,张官置吏,所以为民也。民为大,社稷次之,君为轻。民为邦本,得乎丘民为天子,此大义正理也。"[1] 陆九渊将孟子的"民贵君轻"思想发挥为大义正理,在阶级矛盾尖锐的现实矛盾情况下重申了"民本"思想。在"民本"的基础上,他重点阐述了官吏的责任问题,将士大夫这一介乎君民之间的

---

1/[宋]陆九渊:《陆九渊集·与徐子宜二》,第69页。

阶层作为解决社会阶级矛盾和实现民本目的的关键所在。他认为士大夫研究儒家思想的根本在于发明本心,自觉践行仁义之道,正如他在《白鹿洞书院论语讲义》中所阐发的,"科举取士久矣,名儒钜公皆由此出。今为士者固不能免此。然场屋之得失,顾其技与有司好恶如何耳,非所以为君子小人之辨也。而今世以此相尚……推而上之,则又惟官资崇卑、禄廪厚薄是计,岂能悉心力于国事民隐,以无负于任使之者哉"?[1] 陆九渊将民本思想与士大夫"立身行道"的社会责任和历史使命相结合,改变了孟子自上而下的由君到民施行民本的理想性,他将以民为心的重心由君移向士大夫官吏的"臣",化公私之辨为民本,为公私之辨转化为"民权"政治哲学做了理论铺垫。陆九渊认为"天以斯民付之吾君,吾君又以斯民付之守宰"。民,作为"天之生民"是上天生生之德的体现,天为民之德经由君而赋予官吏,官吏就应当承担起关注民生、为民请命、与民牟利的使命。反之,如果官吏不以民为本,"无以厚民之生,而反以病之,是失朝廷所以张官置吏之本意矣"[2],因此陆九渊以道德本心出发,强烈呼吁士大夫树立"民为邦本"的道德意识。

陆九渊的化公私为民本的思想还体现在他对改革的态度上。南宋时期的"改革"是敏感的政治问题,通常称为党争的工具和导火索;而陆九渊抛弃了当时流行以义利、君子小人论改革的做法,将改革阐发为民本大义、公私正理。

---

1 /[宋]陆九渊:《陆九渊集·白鹿洞书院论语讲义》,第276页。

2 /[宋]陆九渊:《陆九渊集·与苏宰》,第116页。

"尧舜三代虽有法度，亦何尝专恃此……夫尧之法，舜尝变之；舜之法，禹尝变之。祖宗法自有当变者，使其所变果善，何嫌于同？"[1]陆九渊首先肯定了变法改革的正当性，然后针对此，他将改革提升到人心天理的高度，"凡事不合天理，不当人心者，必害天下。效验之著，无愚智皆知其非。然或智不烛理，量不容物，一旦不胜其忿，骤为变更……后人惩之，乃谓无可变更之理，真所谓惩羹吹齑"[2]。陆九渊认为改革无论成败都是正当的，不能认为变法失败就意味着"祖宗之法不可变"，王安石变法虽然在当时遭到普遍批判，但陆九渊认为这正是王安石一心为公的体现，改革即是为了尽士大夫的本分，是为官者自觉承担民本责任的体现，同时也是宋代士大夫"共治天下"的政治主体意识的体现。

## （二）义利之辨

陆九渊的"义利之辨"思想，从具体德目和对义利关系的基本立场上看，与程朱理学等思想家们并无二致；其独特之处在于对义利在道德意识领域的发挥，他将义利与仁义本心相联系，使得作为道德先验理性的仁义之义，与作为形而下道德与现实利益的义利之义贯通起来。仁义之义和义利之义在宋代理学家眼中，它们分别属于道德形而上学领域和形而下的道德活动，"义"范畴在形上与形下、体与用的二元划分结构中也被裁成两截。陆九渊的独特之处在于，他以仁义作为本心的

1 / [宋] 陆九渊：《陆九渊集·语录下》，第441-442页。
2 / [宋] 陆九渊：《陆九渊集·奏表》，第223页。

内容，将先验道德理性与形而下的道德意识合二为一，打通了形上与形下，仁义之义和义利之义在道德意识领域得到了统一。

陆九渊将"志"作为义利之辨问题的核心，强调了道德动机对道德行为的决定性影响。判断人的行为是否符合道德价值标准，关键在于动机是否符合道德原则和道德价值标准；辨志的重要性在于，必须保证意识领域内本心的发用不受遮蔽，仁义本心遮蔽与否在道德意识领域内直接表现为道德动机，陆九渊强调辨志的实质就是强调对本心的存养。

陆九渊关于义利之辨的阐述集中在《白鹿洞书院论语讲义》一文，文中他强调了志作为道德的起点对道德行为的决定性影响，"人之所喻由其所习，所习由其所志；志乎义，则所习者必在于义。所习在义，斯喻于义矣。志乎利，则所习者必在于利。所习在利，斯喻于利矣"[1]。"非其所志而则责其所习，不可也；非其所习而责其喻，不可也"[2]。陆九渊认为志—习—喻三者是一脉相承的，动机和意识决定行为习惯，行为习惯决定了教化方式；在陆九渊的思想体系中，动机是义利之辨的开端，也是决定义利之辨最终归属的决定性因素，志于义和志于利的区别也就意味着义利的区别。

陆九渊的"辨志"，其实就是义利之辨在道德修养功夫上的体现。所喻被行为习惯决定，行为习惯又被意识动机决定；因而若要真正实现义这一道德目标，必须从意识动机这一根源上着手，这是道德自我修养的要求，也是仁义

---

[1] [宋]陆九渊：《陆九渊集·讲义》，第275页。

[2] [宋]陆九渊：《陆九渊集·拾遗》，第377页。

本心在道德意识、行为领域的必然要求。道德教化这一外在性手段则恰好相反，它必须将教化的目的诉诸正确的教育手段和方式，通过符合被教育者的行为习惯的教育方式和手段，最终改变其道德意识，澄明其道德本心。

虽然陆九渊以动机概括义利之辨显得有些片面，动机、手段、过程、结果四者的结合才最终构成道德行为活动；道德问题的复杂在于它不仅仅属于意识活动，更重要的是它属于现实实践活动，知行关系不仅仅有意识领域的知行合一，也有实践领域的知行合一。陆九渊重视动机对义利的决定性作用，是由其本心说决定的；本心这一意识性存在属性，决定了陆九渊对问题的研究必须从意识领域的动机分析开始。

陆九渊的义利之辨中"义""利"两者虽然是矛盾对立的两个范畴，但是两者在其哲学中所属层次绝不相同。"义"范畴在陆九渊看来既包含了道德动机的义，也包含了仁义本心的义；陆九渊的义是贯穿本心与意识动机的，本心之义和意识动机的义是体用不二的统一。义利之辨中"志"的重要性在于，它是本心在道德意识领域最直接的表现，本心与志是体用关系；义利之辨的体用不二，实质就是本心之义直接表现为义利之辨中的动机之义，志之义是仁义本心在道德领域内的直接发用流行的枢纽。

在义利之辨问题上，陆九渊受孟子的影响比较严重。首先，他以仁义为本心基本内容的做法，就是直接来源于孟子"虽存乎人者，岂无仁义之心哉？""仁义礼智，非由外铄于我也，我固有之""其所以放其良心者,亦犹斧斤之于木也"的基本思想。(《告子上》)其次,他在义利之辨中,重视"志"这一道德动机的决定性作用,重义轻利的做法,也是受到了孟子"何必曰利?亦有仁义而已矣"(《梁惠王上》)的影响。再次,他强调"辨志"的重要性,其"人之所喻由其所习,所习由其所志"的思想,与孟子"君子可欺以其方,难罔以非其道"(《万章上》)思想相比较,不难看出两者都是推类思维在道德问题上的直接运用。再次,陆九渊所阐发的,求取关乎国计民生的与民减负、保民而王的天下大利行为是"此大义正理也"[1]的民本思想,更是对孟子"民为贵,社稷次之,君为轻""保民而王"这一民本思想的直接改造。最后,陆九渊自己也承认他是孔孟道统的直接继承者,"窃不自揆,区区之学,自谓孟子之后至是而始一明也"[2]。陆九渊的义利之辨,受到孟子义利观影响的同时,也对其进行了结合时代需要的发挥,如他主张"'损下益上谓之损,损上益下谓之益',理之不易者也"[3],以减负的方式为民生而计、调和阶级矛盾的做法就是针对当时土地兼并情况严重这一事实而做出的新的发挥。

义利之辨是宋代思想史上的重要思潮之一,而义利之辨所反映的社会现实是宋代社会结构变化导致的经济重心下移,由贵族庄园经济主体转变为庶族地主和小农经济主体;统治阶层内部构成上,原本由士族门阀为主体的官僚阶

---

[1]／[宋]陆九渊:《陆九渊集·与徐子宜》,第69页。

[2]／[宋]陆九渊:《陆九渊集·与路彦彬》,第134页。

[3]／[宋]陆九渊:《陆九渊集·与赵子直》,第70页。

## 第七章
## 两宋时期的义思想：义即本心

层，被寒门庶族通过科举考试等晋升而来的士大夫官僚所取代；市民经济的兴起和繁荣，在社会上掀起了求利思潮，尤其浙东地区更是"民风日以偷薄，父子兄弟惟知以利相与耳。今里巷之语，不可以属耳也"[1]，宋代经历的庆历新政、王安石变法等数次改革，无不是以经济改革为中心，这种社会改革对求利观念产生了广泛而深刻的社会影响。求利的社会思潮是自下而上产生的影响，道德伦理教化的仁义正理，是社会上层文化精英思想所关注的重点；义利之辨的背后，隐含着统治阶级意识形态和上层文化精英道德理想，与市民经济求利诉求和底层道德诉求之间的矛盾和思想交锋。

虽然儒家一贯主张重义轻利的同时也不忽略人民的基本物质文化需求之利，但是重义轻利思想的贵族气息，并不适宜生活在社会底层和处于市民经济萌芽阶段的人民的道德要求。无论是以本心为核心的易简功夫，还是以天理为核心的繁琐体系论证，其中的文化精英气息和重视心性修养的静观功夫，都不能满足底层人民的道德要求。求利在道德领域内的合理性论证，并不代表它具备道德价值和道德崇高性。义利之辨的实质，就是求利活动在谋求自身道德价值和道德地位这一历史性斗争过程，在其发展初期与旧道德思想体系的斗争体现。

陆九渊虽然在道德哲学的体系化建构上，对原有道德的繁琐建构方式做出了突破性改变，但是他毕竟还是在道德问题上坚定地主张重义

---

1 / [宋] 程颢，程颐：《二程集·河南程氏粹言》，王孝渔点校，中华书局1981年版，第1193页。

轻利。义利之辨发展到陆九渊这里，已经基本上触及了义利问题的核心所在，他清楚地认识到义利矛盾在意识动机上的差异导致的道德选择整体性差异，将儒家重义轻利的思想发展成为意识领域内体用不二的本体哲学高度。同时期的浙东学派，以其"王霸并用""义利双行"的道德哲学主张，开辟了求利思想在道德、在儒家思想发展上的新路向；而陈亮与朱熹的"王霸之辨"更是从历史哲学、道德哲学、政治经济等各个层面展开了义利之辨的大讨论。朱熹和陆九渊将义利之辨分别在尊德性和道问学两条思想进路上发展到了前所未有的高度，义利之辨的道德立场分别在理学和心学哲学体系内被推向本体高度；义利之辨重义轻利思想在理学和心学体系内发展到顶峰，预示着道德哲学对义利关系的发展，必然要求新的理论范式出现；心学和理学在哲学体系发展的绝对高度以及义利之辨问题发展的新要求，给予了两者在思想上合流的可能性。

第八章

# 两宋时期的义思想：义利双行

两宋时期，由于政府的重视，儒学迎来了蓬勃发展期。在这一时期，由于宗教、文化、经济、政治、外交、社会矛盾等因素的影响，儒学在逐步义理化发展的同时，还呈现出了丰富多样的发展方向；其中事功学作为儒学的一个分支，以其反对义理空谈而主张学贵务实著称。事功学派反对儒家一贯主张的"重义轻利"思想，他们强调"以利和义""义利双行"，以积极的求利心态谋求个人的自我实现。事功学派以其求利、务实、重事功而著名，其中最具代表性的是陈亮与叶适。

## 一、义：成人之道

事功学派注重功利的思想，有着其复杂的经济、政治、文化等种种原因，其中最为关键的有政治传统和文化思潮。自北宋范仲淹的庆历新政以来，宋代知识分子积极谋求政治变革，以改变国家积贫积弱的现实局面，由改革传统而形成了事功的思想传统和思想派别。同时，由于政治改革和社会问题逐渐增多，儒学除了在治学上呈现义理化发展趋势之外，还表现出积极的问题关注意识，儒学内部出现了以"义理心性"为主的理学和"经世致用"为主的事功学。陈亮无论是在思想主张，还是在治学方法上，都受到了儒家"新学"的影响，表现出强烈的功利倾向和思想史学进路。

## （一）义：成己谋功

陈亮对"义"这一范畴理解的独特之处，在于他不同于理学家对"义"的道德哲学式规定，改变了心性论以行为动机和道德意识区分义利的普遍方式。陈亮从行为效果出发，以此来区分与衡量义利、王霸，形成了独特的历史观、政治哲学观。陈亮将成人之道与义利观相融合，肇始于朱熹议论学者应当做"醇儒"还是"雄杰"的辩论，而这场辩论，亦是朱陈二人论战的开端。淳熙十一年（1184），由于当权者展开对"道学"的广泛打击，陈亮由于同道学家往来甚密而受到牵连，被捕入狱。出狱后，陈亮向朱熹写信说明原委并表达治学主张，朱熹回信以"醇儒之道自律"来劝勉陈亮，由此二人就成人之道、义利之辨、王霸之辨展开激烈争论。

朱熹认为陈亮之所以遭受牵连，是因为他主张事功、醉心王霸之说，为避免以后重蹈覆辙，他劝勉陈亮"老兄高明刚决，非吝于改过者，愿以愚言思之，绌去'义利双行，王霸并用'之说，而从事于惩忿窒欲，迁善改过之事，粹然以醇儒之道自律"。朱熹教陈亮以主一持敬的心性修养功夫,希望陈亮走出"胶漆盆"、"名利场",以"醇儒"来严格要求自己,以此来避免重蹈覆辙。朱熹认为,做人须以修身为本,以穷理尽性的功夫,学习圣贤,"穷理修身,学取圣贤事业,使穷而又以独善其身,达而有以兼善天下,则庶几不枉为一世人耳"。[1]

陈亮不同意朱熹对为人之道的规定。他认为治学的目的在于成就自我、完善人格。陈亮强调实践行为、实际效果的重要性,主张"凭自家力气,可以干得动、挟得转",以追求事功、重视功利的态度,积极参与社会活动,借此以谋求实现自身志在天下的抱负,做大有为英雄豪杰的理想。他认为仁义是人的本质规定性,但是仁义强调的是其外发的实际效果,而非心性空谈。"夫人之所以与天地并立而为三者,以其有是气也,孟子终日言仁义……又自发为浩然之气。"[2]陈亮以仁义作为人的本质的根据,在于仁义的实际效果,仁义与智勇相结合而外发,才是成人之道。而朱熹所谓的"窒欲守静"的"醇儒",不过是"气不足以充其所知,才不足以发其所能,守规矩准绳而不敢有一毫走作"的俗儒。真正的儒者,应当是"才德双行,智勇、仁义交出而并见"[3]。他认为人成就自身,需要才德、智勇、仁义具备且相互结合。陈亮以效果为核心论述为人之道,强调儒者的理想人格应当是

1/[宋]朱熹:《朱子全书·晦庵朱文公文集·与陈同甫》,卷五十六,上海古籍出版社,安徽教育出版社2002年版,第1581页。

2/[宋]陈亮:《陈亮集·又甲辰答书》,卷二十八,邓广铭点校,中华书局1987年版,第340页。

3/[宋]陈亮:《陈亮集·又甲辰答书》,卷二十八,第341页。

勇于担当、关心天下，积极地建功立业，在功业中实现自己的仁义本质；由此，他极为推崇以功业著称的管仲、唐太宗等人。

朱熹认为陈亮过于看重功利，无论是对儒家理想人格的理解，还是对历史人物的评判都失之偏颇。朱熹站在重义轻利的立场上，强调为政者应当以仁义为本，以王道为治国方略，行事动机须合乎天理，不可以功利为急。同时，朱熹主张历史道德退化论，认为汉唐以来均是人欲横行。站在重义轻利和历史道德退化论角度，朱熹贬低管仲、唐太宗，认为管仲是不顾道义而急功近利的小人，不符合儒家的理想人格要求，"当不得一个人"[1]；而对于陈亮极力推崇的汉高祖和唐太宗，朱熹仍旧是嗤之以鼻，认为两人虽有雄才大略和不世功业，但却事事以功利为急、处处以人欲为先，故而不值得推崇。

陈亮对朱熹这一偏见的辩驳，突破了动机论和效果论的简单区分，进而强调能力的重要性。他认为"汉唐之君，本领非不洪大开廓，故能以其国与天地并立，而人物赖以生息"[2]，他强调了汉唐之君值得敬仰之处不仅仅在其功业，更重要的是本领——仁义的功夫。陈亮将原本作为道德形而上学的仁义学说，通过对效果和人的实践能力——本领的强调，变成了贯穿理论与实践、形上与形下、内在与外在的统一过程。陈亮将其功利的仁义学说，和效果、能力相结合，用以反驳朱熹以道德为本位的历史哲学观。

---

1 / [宋] 朱熹：《朱子全书·晦庵朱文公集》，卷五十六，第1581页。

2 / [宋] 陈亮：《陈亮集·壬寅答朱元晦秘书》，卷二十，第345页。

他认为"本领闳阔,功夫至到,便做得三代;有本领无功夫,只做得汉唐……偶有暗合处,便得功业成就,其实则是利欲场中走"[1],在道德历史观领域,他以弱化调和的方式坚持自身观点,承认汉唐之君的不足在于仁义的功夫不足。陈亮以仁义功夫的不足来为汉唐之君开脱,借此来维持自己效果论的合理性,在反驳朱熹动机论的情况下,保证了功利主义仁义观的正当性。

陈亮借助孔子之口,表达了对管仲的肯定,同时也表达了他对积极建功立业的英雄豪杰的肯定,借此表达了自己的理想人格——积极建功立业的雄杰。陈亮与朱熹在"成人之道"上的分歧,其关键在于义利观上的分歧;两人在义利观上分歧的关键,是动机论和效果论的分歧。朱熹坚持儒家道德哲学的一贯动机立场,以"正其谊不谋其利,明其道不计其功"作为道德行为准则;陈亮从总结历史经验教训出发,主张"谋其利""计其功"的行为效果论。从"义"范畴的内涵上说,无论是动机还是效果,都仅仅是其一个方面,义是内在目的、动机与外在行为效果的有机统一。"义"范畴从孔子的"见利思义"到孟子通过与告子的"义"的内外之辨而阐释的"义内思想",都未曾分离内外、义利;但是随着社会现实的变化,内圣与外王逐步分离,尤其《大学》"八条目"内格致诚正与修齐治平的分离,使得义利在道德哲学内逐渐分离,"利"最终被排除在道德形而上学的范畴之外。

陈亮以效果来重新界定义利,以成人之道为

[1] [宋]陈亮:《陈亮集·又乙巳春书之一》,卷二十,第273页。

最终落脚点,使得儒家义利学说获得新的发展契机;以功利说仁义,使儒家哲学与现实生活的联系逐渐紧密,并为元明时期的哲学思想平民化拓展了道路。

## (二)谋利即正义

陈亮与朱熹对义利问题进行长达三年的辩论,固然是两派学术认识不同所导致的,但同时必须看到其背后深刻的历史原因。首先是儒学发展过程中,二程的理学由于其严密的逻辑性、理论的系统性、学说的整体性受到了统治者和儒学研究者的认可,其门人弟子在中不遗余力地推广传播,最终使其得到普遍流传。由二程肇始的义利之辨和王霸之辨,也在宋代学界引起强烈的关注和讨论,"自孟荀论义利王霸,汉唐诸儒未能深明其说。本朝伊洛诸公,辨析人欲天理,而王霸之说于是大明"。儒学义理化发展,使得它和现实生活的距离逐渐扩大;南宋迁都之后,原本经济发达的江浙地区呈现迅猛增长,社会掀起普遍的功利思潮。事功学由于背离儒家轻利的传统,因而受到主流思想的轻视;而理学由于成为主流学术得到迅速发展,其内在问题也逐渐暴露。事功学与南宋理学之间的矛盾,经过政治党派斗争的加速和发酵,其矛盾更加突出,两派之间相互攻讦。

自两人书信辩论开始,朱熹和陈亮便迅速找到了自身的理论依据和对方的理论漏洞。朱熹站在理本论哲学立场上,以道德动机论为依据,批判功利学说的庸俗和"义理与利害只是一事"的荒谬。

陈亮则立足于生活现实中，人们对利益的热切追求，以行为效果论为立足点，批判性命说不切实际以及重义轻利说理论的偏颇。

为清楚表达陈亮义利说的理论内涵，首先要明确其哲学理论依据。陈亮虽然学无所承，但是他还是从其长期的历史研究中，总结出了自己的哲学观——道事一体。陈亮认为作为万事万物总体依据的形而上的道，并不是虚悬于事物之外的本体世界，而是实在地寓于事物之中——事外无道，道外无事。道与事这种不可分割的现实统一，意味着作为形而上的道德哲学，必须寓于日用平常之中，与生活密不可分；事外无道同时意味着，道与事之间不存在逻辑等级高下之分，两者不是本末体用关系。

陈亮认为道即日常事物背后的依据，也就是现象背后蕴含的规律、规则。陈亮的道，从性情论上说是喜怒哀乐爱恶六欲的"度"，类似于未发之"中"；以此，道只能在日常之事上寻求，而不能离事言道，这意味着他与朱熹主张的静中体验未发之中、主一持敬的心性修养功夫有着本质的区别。

在道不离事、事不离道的理论前提下，陈亮的义利观得到了合理性论证。他认为，"义"是利的"度"，是利之和；因为"义"不能脱离利而独立存在，它必须在利上才能得到体现。义利的相互依存关系决定了"义利双行"（义利双行是朱熹对陈亮的评价，朱熹借此表达的是陈亮将利害与义理等同起来，背离了儒家重义轻利的传统以及义利之间的本末、体用关系），无利则无所谓义。

陈亮以此义利观为基础，反驳朱熹以重义轻利的义利观为理论基础的历史观——历史退化论。他重申利这一范畴在儒家历史观中的地位,强调其基础性地位,"禹无功,何以成六府?乾无利,何以具四德"?他反驳朱熹的王道政治哲学,认为"秘书以为三代以前都无利欲,都无要当富贵底人。今《诗》《书》载得如此净洁……亮以为,才有人心,便有许多不净洁,'革'道止于革面,亦有不尽概圣人之心者。圣贤建立于前,后嗣承庇于后"[1]。陈亮认为求利之心是人与生俱来的本能,利也就是生民之利,包含人赖以生存和发展的基础,概括了人的一切感性欲望和获利之心。利,在生民之利这一含义上,自然是义利相依而不存在矛盾的;但是这一含义,恰恰也正是朱熹主张的义之所在,因而在这一意义上,两人除了所强调的动机和效果之别外,其他并不矛盾。

陈亮针对朱熹从动机上严格区分义利的做法,提出了尖锐的反驳。他认为即使是在动机上,义利之间也并不是截然二分的,义中依旧包含着谋利之心。"不失其驰,舍矢如破。君子不必得于禽也,而非恶于得禽也。范我驰驱而能发必命中者,君子之射也,岂有持弓矢审固而甘心于空返者乎……孟子之论不明久矣,往往返用为迂阔不切事情者之地。"这则出自孟子关于正确处理君臣关系、政道关系的典故,其原意是指利益上的矛盾冲突,不能违背不同利益主体者的基本道义界限。陈亮在这里借用此典故,来证明即使是孟子所说的,不以求利为目的的御者,其动机也是求利的。虽然御者不能越轨驾车,但是御与射的结合本身就

---

1 /[宋]陈亮:《陈亮集·又乙巳春书之一》,卷二十,第351页。

是以获利（狩猎得禽）为目的，无论是御者还是射者，都是以狩猎获利为目的，都不甘心空手而还，因此不存在无求利之心的事。在这里，陈亮的功利实质就是指义，虽然陈亮没有从为人为己或公私之辨上去区分，但是陈亮还是明确地认识到功利的"利"，绝非朱熹所言的一己私利。

　　陈、朱二人的分歧，从论争的表面看，是道德动机论和实用效果论之争，即讨论现实生活的行为是该由道德原则、规范出发，还是由行为的实用效果出发。而进一步分析，却可以发现动机论和效果论的概括并未深入实质。就二人对义利的不同界定看，朱熹将义看作是人禀受天理而获得的基本道德规定性，而陈亮则将义理解为生民之利这一表象背后的规律。从概念界定方式看，朱熹显然是本体演绎，而陈亮则是经验归纳。从义利关系处理上看，朱熹以义为中心，通过对概念进行体用、本末等区分，将利成功地驱逐出形而上学领域；陈亮则以利为中心，通过表象与实质不离的论证，取消了义的形而上学意义上的独立性，义成为利的依附性概念。从二人义利理论的最终落脚点看，朱熹的义利观最终落脚于道德义务论形而上学，陈亮的义利观最终落脚于精英主义历史观，两人的论证严格意义上不属于同一论域。

　　从辩论角度分析，两人论证的论域并未得到清晰界定，且两人并未达成一致接受的论争前提——实际发展的历史，同时两人论证中分别使用了假设论据和偷换概念的不正当逻辑手段与方法，最终两人在争论结果上并未达成一致。陈、朱二人的义利之辨，从不清晰的论域、不可接受的前提、不正当的论证方法，到最后未能达成一致的结果，这场论争实质上是彻底失败的。

二人的激烈论战，体现了以思辨形而上学为中心的道德哲学和社会实际伦理发展之间日益尖锐的矛盾。儒家主流道德观和现实伦理之间日益扩大的差异，预示着儒家道德观平民化和现实伦理形而上学化两种发展趋势。事功学派的陈亮以批判和论争的形式，表达这一理论变革要求，但始终未能实现自下而上的理论变革。

### （三）王道与霸道

儒家的历史观并未从道德哲学中脱离出来，以道德为核心、以精英为中心的历史发展观占据当时历史观的主要方面。儒家的历史观，从"六经"到"四书"，历史道德退化论一直是被普遍接受的。这种基于道德与社会理想主义的理论系统，在评议历史过程中表现为"王道"政治与"霸道"政治之争；理想与现实的矛盾，经过本之于古者圣王之事的理论演绎，自然地转变为历史与现实的矛盾。作为历史过往的夏商周三代，成为道德理想和历史理想的最终避风港。王道与霸道的论辩，在儒家历史上长期存在，这一论证的意义，不仅仅局限于历史观和道德领域，它同时也意味着理论基础的变化。陈、朱二人的论争，从义利观迅速向历史观转移，正是不自觉地对儒家道德历史观的反思。

朱熹站在道德动机论立场上，坚持重义轻利的义利观，并在历史观上有意识地发挥这一点。他认为三代帝王的治国之道均属于"王道",帝王治理天下始终出于"道心",事事"仁义为先,而不以功利为急"[1];因而其政治表现为纯善至美、义理公行。相反,秦汉隋唐时期,帝王的治国之道属于"霸道",即治理天下始终出于"人心",事事出于私欲,因而上行下效地导致"举世没于功利,而不知仁义之固有"[2]。朱熹这种武断的表述,在论争中自然不能令人满意,尤其分别以美化与丑化的态度对待三代与汉唐,显然是不严谨的。

陈亮则立足于义利相依、利中见义的义利观,尖锐地指出朱熹的理论漏洞——人类社会活动不可能用单一的善恶、义利、王霸来概括,历史发展过程是义利、王霸相互结合的结果;以不可证实的动机来区分三代与汉唐之君的治国之道,显然是不具有说服力的,评议历史的关键在于其实际效果。

陈亮以理论归谬法证明朱熹观点的错误,认为如朱熹所说,必然导致天地之道虚悬无依,人心(依陈亮的道器观和语境,在这里人心包含有道心内涵)无处落脚,万物不能生长繁衍,也就是道存在的连续性被打破。朱熹认为陈亮混淆利害与义理,陈亮则认为朱熹割裂义利、王霸、道器。朱熹将应然与可能存在的道,作为实然与必然的存在,在其宇宙本体论上必然混淆本体演绎和历史发展,导致历史退化论;陈亮将道直接等同于事物的现实规则、规范,取消了其现实和理论的超越性,导致了庸俗的物质主义。

1/[宋]朱熹:《朱子全书·晦庵朱文公文集·送张仲隆序》,卷七十五,第3623页。

2/[宋]朱熹:《朱子全书·四书或问·孟子或问》,卷一,第250页。

为有力地反驳朱熹关于王道、霸道的定论,陈亮条陈历史上的事实来证伪。他指出汉唐之君也有"禁暴戢乱,爱人利物而不可掩者"的仁义之举;三代之君也有"禹启始以天下为一家而自为之,有扈氏不以为是也,启大战而后胜之。汤放桀于南巢而为商,武王伐纣,取之而为周"种种出于私利私欲的行为。他甚至还企图以执果索因法,将霸道执政的源头追溯到三代圣王,以此来彻底驳倒朱熹的王霸之论,陈亮以事实证伪的方式,反驳朱熹所谓三代王道、汉唐霸道的历史退化观,并借此来证明自己以义和利、王霸合一的哲学观的合理性。

陈亮依据道器观(道事观),进一步分析了王道与霸道之间的关系。他认为王道政治目的的实现,离不开霸道手段的运用,霸道政治本身就包含着王道政治的合理性;离开了霸道,王道则不可能凭空出现。陈亮以王霸之辨回归义利之辨,然后重申其成人之道,针对朱熹贬斥管仲有霸道之功而无王道之仁,他极力为管仲正名,以此来凸显其成人之道。"孔子之称管仲曰:一匡天下,民到于今受其赐。微管仲,吾其被发左衽矣……观其语脉,决不如说者所云。故伊川所谓'如其仁'者,称其有仁之功用也。仁人明其道,不计其功,夫子亦计人之功乎?若如伊川所云,则亦近于来谕所谓'喜获禽之多'矣。"[1] 陈亮借用孔子对管仲的肯定,来间接论证管仲谋利计功的正当性,从而彰显自己"成人之道"的正当性。

1/[宋]陈亮:《陈亮集·又乙巳春书之二》,卷二十,第289页。

总体而言，管仲的王霸杂用的历史观，是对其利中见义思想的支撑和佐证，同时也是义利观在历史观方面的展开；历史观和义利观构成了相互支持、相互论证的理论互补关系。虽然陈亮的义利观显示出强烈的效果论特征，且后世往往将之与功利实用主义倾向等同，但是陈亮哲学的实质并不是效果论或者功利实用主义。陈亮的道器观、义利观、成人之道、王霸之辨思想，共同为其事功理论服务；在这里的事功，则是指"为公"前提下的事功，在谋求事功的前提下，杂用王霸、正义谋利，以求在为公的事功中成就自身。

"义"范畴发展到陈亮这里，虽然并未实现实质的突破，但是依然表明了其未来发展的方向——利中含义。"义"在陈亮这里，完全站在形而下经验的立场上展开，虽然并不意味着是对道德形而上学理论的突破，却也暴露了这种理论的漏洞——割裂体用、本末、义利——缺乏实践性。陈亮恢复了"义"思想内外相合的本来面目，也主张恢复道德修养与功业建立相结合的成人之道；总之，陈亮思想的出现，预示了"义"范畴的实践因素开始受到重视，表明了"义"范畴重构的开始。

## 二、义：成己之道

叶适是永嘉学派思想的集大成者，也是事功学派的总结和创新者。他立足于事功之学，首次自觉地对儒学发展过程中产生的问题进行了系统的清理,从而建构起了事功学派的形而上学、认识论、道德形而上学、政治哲学、历史哲学等理论,将事功思想发展为严密的理论系统。叶适通过对以往事功学派理论的分析,清醒认识到事功学在知识论和道德形而上学上的不足;同时,对于以张扬人的主观认识能力为核心的"心学"思想,叶适也看到了其认识过程中缺乏认知对象的客观实在性问题。叶适对朱熹理学的批判,主要集中于认识论,即作为认识基础的"心"——心体。在对理学认知之心解构的基础上,叶适提出了自己的认识论方法——器中见道;同时,他将知识的获得,转变为人有意识地改造历史世界的过程。叶适对"义"范畴的改造和创新,主要体现在他对"人"的重视;叶适首次将有认识和改造能力的人,作为思想建构的基础,突出了人在哲学思想中的核心地位,将作为人的本质的"义",改造为人在具体社会活动中的自我实现过程。叶适以人推动历史发展为核心理论,将儒家内圣学和外王学,统一于事功外王学,首次彰显了"义"范畴内外合一,即内在合目的性与外在合规律性相结合的内涵。

(一)义:成己之道

叶适虽然以事功为思想的主导,但是其事功之学的实现和展开,却是借助人这一核心范畴,通过对人与物、人与道、人与势关系的探讨来实现的。叶适认为作为认识和改造对象的物,其价值是由人的具体社会活动所赋予和实现的;势作为事物和历史发展

"不知其然而然"的必然性趋向,是人实现自身价值目标的必要条件,是人们行为所要认识和把握的规律;己,主要指其理想人格,同样也是人通过切实的社会历史的具体实践活动,积极地认识和把握规律,主动去改造事物和历史来实现的。同时,以人为核心的哲学,开创了儒学不同于当时主流的心性之学的践行之学。

就人与物的关系而言,叶适继承了儒学对物的一般理解,将物作为外在客观存在的事物。叶适认为人和物的关系,并不是截然二分的,人的认识和观念形成,乃至于具体的活动都离不开物。"人之所甚患者,以其自为物而远于物。夫物之于我,几若是之相去也。是故古之君子,以物用而不以己用。喜为物喜,怒为物怒,哀为物哀。"在这里,叶适肯定了人自身也属于物这一命题,同时强调人作为物而进行人物截然二分,便是最大的认识问题。人与物的本然联系,决定了人在具体认识和改造活动中,不能脱离外物而独立展开,否则"自用则伤物,伤物则己病矣"[1]。叶适强调人与物在认识和改造活动中不可分离的关系,主要落脚点在《大学》的格物致知功夫上,也就是认识的实现与展开,必须依赖事物的存在,并以事物为中心,不可"自用"其心。

叶适在以物为核心的认识论基础上,展开了由认识把握到具体改造的论证。"会之以心,验之以物,其行之以诚,其财制以义,其聚为仁,其散为礼。本末并举,幽显一致。"[2] 会心验物构成认识活动的互动范畴,内在意识通过

[1] [宋]叶适:《叶适集·大学》,李哲夫点校,中华书局1983年版,第731页。

[2] [宋]叶适:《叶适集·总义》,第694页。

具体意识活动，对外在事物进行把握以及通过外在事物对所得认识进行验证。人与事物的关系，并不局限于经验和知识的获得，更为关键的是在此基础上进行诚意正心的功夫；对事物进行改造中，要时刻保持道德心、规律意识等对自身行为进行约束，要以仁义礼智等道德德目严格要求自己。叶适在这里将格物致知的范围扩大，使之从单纯的认识活动扩展为践行功夫，将知行本然地合二为一。

既然物已经由外在认识对象转变为活动改造对象，那么其含义必然也要扩大，也就是物已经由外在客观物变为人与物相互结合的"事"，即"无验于事者，其言不合"。验之于物转变为验之于事，即以具体事务来参验，实现了由认识向实践检验的转变，也就是强调要突破认识论而向社会实践活动领域跨越，并在具体活动中，获得意义。如果说认识活动是对事物的表象和属性的了解和认识，那么改造行为活动则是依据实物的属性，发掘其功用——事物的价值，并进行积极改造。"盖水不求人，人求水而用之，其勤劳至此。夫岂惟水，天下之物未有人不极其劳而可以致其用者也。"[1] 用是指事物自身的属性，在现实生活中能够满足人的活动目的；用，就是指作用、功用、价值属性，是人与物之间相互满足而呈现出的结果。物由自在对象，转变为认识对象——事实，进而作为认识结果——事态与属性，最终走向在人的实践活动中获得价值属性。

---

1 / [宋] 叶适:《习学记言序目》，卷三，中华书局1977年版，第34页。

从人与历史规律来看，人的具体活动中蕴含着历史发展的客观规律——势，而势的实现则必须借助人的具体活动。叶适为说明人与历史之间的互动关系，着重强调了历史发展过程中存在着不变的规律——势。"迫于不可止，动于不能已，强有加于弱，小有屈于大，不知其然而然者，是之谓势。"[1]叶适在论述和强调春秋大义时，以势来概括天地和历史变化的不易之则。他强调"势"是历史发展和人的具体行为必须遵守的规律、规范，"故夫势者，天下之至神也。合则治，离则乱；张则盛，弛则衰；续则存，绝则亡……此治天下之大原也"[2]。"势"作为外在的客观必然性，是历史演变和发展所遵从的基本规则，也是治理天下这一活动必须认识、把握并切实遵守的规律。人与势的关系，表现在势对于人活动的制约上，势对于人的制约要求人在不违背这一规律的前提下，必须清楚地认识和把握它。人在认识和把握势的基础上，遵守其客观要求，在因势利导的情况下，实现人势合一，通过自身的实践和努力，以实现自身的价值理想和目标。

势作为隐藏在外在事物和历史发展背后的客观规律，并不能直接成为人们把握和改造的对象。对于人而言，势在事物中呈现出的"时"与"机"才能成为人们认识和把握的对象；时机也只有通过人的具体改造活动才能彰显，也是人通过具体活动实现价值目标和目的的关键。"事之未立，则曰'乘其机也'，不知动者之有机而不动者之无机矣，纵其有机也，

1 / [宋]叶适：《叶适集·春秋》，第701页。

2 / [宋]叶适：《叶适集·治势上》，第639页。

与无奚异！功之未成，则曰'待其时也'。不知为者之有时而不为者之无时矣，纵其有时也，与无奚别"[1]，时机作为"势"在具体事物中的表现，在具体实践活动中意味着具体条件的满足，通过人的具体行为来参与并最终得以实现。人与势的关系，表明人必须通过具体的行为实践，把握事物和历史发展规律，并借此实现理想目标。

叶适虽然强调事物的客观限制和"势"的外在必然性，但是其目的并不是要求人们消极对待、无所作为，恰恰相反，叶适希望们通过切实的实践来成就自我。人与物、人与势的关系论述，最终要以成就自身为目的——成物与成势的最终目的是成己。

叶适在成己之道方面，综合了心性修养和事功之学，他在对孔子"克己复礼以为仁"的解释中，将"克己"理解为治己、成己、立己三部分，"克己，治己也，成己也，立己也。己克而仁至矣"[2]。其中成己就是指自我成就、自我实现，而克己复礼的功夫，便是以积极的态度进行自我改造。在论述成己之道的具体要求时，叶适认为："刚者，我也；命者，天之所以命我也；志者，我之所以为我也。见挫于物，坐而受困，致命、遂志，所以全我也。"[3] 叶适强调自我意志的重要性——我之所以为我，同时也认为成己的关键在于"遂志"；成己不仅仅是内在意志的问题，同时还包含了对外在限定性的重视——致命，致命之致，即致知之致，也

---

1 /［宋］叶适：《叶适集·应诏条奏六事》，第839页。

2 /［宋］叶适：《习学记言序目》，卷十三，第178页。

3 /［宋］叶适：《习学记言序目》，卷三，第27页。

就是对外在客观条件和规律的认识与把握。内在遂志和外在致命之间联系的纽带,在叶适看来是人的意识——"觉";叶适不同意朱熹将外在之理作为认识的本体和终极依据,也不同意陆九渊将认识能力的"心"当作本体范畴,他认为认识是内外相合的结果,认识的核心应当是人——处在认识和改造活动中的人。叶适的"觉"即人与外在之道相互作用的结果,"所谓觉者,道德、仁义、天命、人事之理是已"[1],"觉"联系着认识对象、认识能力、认识结果,是人有意识地进行自我实现的必要步骤。以人的自觉意识,联系作为意识结果的天理、事理,打破了认识的内外界限,同时也将人的当下精神境界和未来可能精神境界相联系。人的自觉,不仅仅是解决致命与遂志之间矛盾的关键,同时也是自我认识和自我改造的关键;"觉"使成己之道的外在改造和内在改造两个方面成为可能。

总之,叶适的哲学思想是以人的自我实现为核心,是在取消本体论式的哲学思想建构之后的知行合一哲学。叶适的成己之道,主张人在具体的实践活动中,实现自我的内在心性修养突破和外在事功事业。

## (二) 义在事中

叶适哲学思想是以人的自我实现为核心和最终落脚点的,他对理学的批判主要针对其离事言道,在他看来"道"即在事物之中。叶适在

[1] [宋] 叶适:《叶适集·觉斋记》,第141页。

陈亮道器观的基础上，对"道"思想进行了改造，"物之所在，道则在焉，物有止，道无止也。非知道者，不能该物，非知物者，不能至道。道虽广大，理备事足，而终归之于物，不使散流"[1]。道存在于事物之中，在事物的运动变化中体现出来；人与道之间并不能直接建立联系，物是人认识和把握道的必要阶段；道在物中的另一重内涵是，具体事物的有限性和事物规律的道德无限性之间并不矛盾，道并不局限于每一个具体事物，而是与总称的物相互联系，体现在无止境的运动变化过程中。"道不可见，而在唐虞三代之世者，上之治谓之皇极，下之教谓之大学，行之天下谓之中庸，此道之合而可名者也"[2]。叶适在论述物中见道之后，马上说明道和人、人类社会历史之间的关系，他指出，所谓道，实质是表现在治国方略、道德教化、社会实践等事物发展过程中的规律性。在叶适对道的论述中，可以看出道总是围绕人以及人的活动而展开，这一点恰恰是他的哲学的特点。

叶适的道，既包含作为事物发展的规律，也包含道德律，他清醒地认识到两种道之间的不同——事物规律的必然性和道德律的当然性。在两种道之中，前者是道在物中，后者是道在人为；人对于前者是认识和把握，属于人类活动得以展开的前提和依循之则，人对后者则是创造和实现，属于人类活动的结果和产物。道无论是作为外在世界的运动变化规律和原理，还是作为内在意识、思维的规则，都是存在于具体事

---

1 / [宋]叶适:《叶适集·进卷》，第726页。

2 / [宋]叶适:《叶适集·进卷》，第727页。

物之中，并在事物的存在过程和人的存在（人的存在方式是自为的存在，也就是自由的存在）过程中得以体现。

叶适认为道在物中、即物见道，自然不得不区分自然规律之道和社会历史规律之道；物，在叶适这里，同时也包含着事的含义。他清醒认识到两种规律的内外区分，并在此基础上指出两种"道"各自存在的问题。首先就社会伦理道德之道而言，他指出了朱熹对《大学》之道的求理、尽性然后求治天下理路的错误。他认为："务出内以治外，然而于君臣、父子、兄弟、朋友、夫妇，常患其不合也。守其心以自信，或不合焉，则道何以成？"[1] 他认为由内在心性修养而到外在成己功夫之间，并不存在认识和实践上的理论一致性；个体的心性修养和认识行为，不能直接解决和处理家庭、族群、社会的复杂关系和问题。因此，他提出了作为个体认识的"道"和群体的"道"的问题；叶适的哲学理论，以个体的认识和实践活动出发，必然面临个体与群体、个别认识和普遍观念的矛盾。

叶适对这一具有西方经验论特点的问题，提出了自己的看法，他认为所谓道是共名，是对各领域认识规律的概括。"道不可见。而在唐、虞、三代之世者，上之治谓之皇极，下之教谓之大学，行之天下谓之中庸，此道之合而可名者也。"[2] 叶适将社会规律、伦理道德规律界定为"皇极"，"皇极"与"道"在这里都被进行了符号化处理，变成虚位范畴而非实

[1] [宋]叶适:《叶适集·进卷》，第727页。

[2] [宋]叶适:《叶适集·进卷》，第726页。

体范畴,破除了理学关于最高统一性的实体化规定。

同样的,事物变化发展规律被概括为"物极",作为事物规律的最高统一体的"道",也成为虚位范畴。"故观众器者为良匠,观众方者为良医,尽观而后自为之,故无泥古之失而有合道之功。"[1]叶适站在经验认识论立场上,指出了获得普遍认识规律的首要条件——博览,"夫欲折衷天下之义理,必尽考详天下之事物而后不谬"[2],在这里,叶适虽然将普遍规律的获得归为"尽考"这一无限性的过程,但其重点并不在解决经验论无法获得普遍原理的问题,而是在强调认识获得的关键在于格外物。叶适所谓的道,无论是皇极还是物极,都是强调从个体上升到群体、由特殊到普遍的必要性;强调个体通过实在的认识活动和社会活动,突破个体局限而成就自身。

叶适论道,显然并不是强调其作为规律的客观性和普遍统一性,他所谓的道,主要是为人的现实事功服务。对外在世界之道,他强调认识事物规律和依律改造事物的必要性;对内则强调自我认识和自我成就的实践性,即是在积极的社会活动中成就自我。道在叶适的哲学思想中,是围绕人这一核心范畴而展开的;必然之理和当然之则,对人的活动而言,包含有积极的引导作用,和消极的制约、规范作用,是人的具体活动得以展开的必要条件。

叶适的道思想,对"义"这一范畴的影响是巨大的。他首先取消了义的外在必然性来源——

---

1 / [宋]叶适:《叶适集·总法度论一》,第787页。

2 / [宋]叶适:《叶适集·题姚令威西溪集》,第614页。

理的合法性，使"义"重新回归到道德哲学中来，并明确了"义"的两个基本内涵——遂志和自觉。"义"在摆脱了宇宙本体的制约之后，彻底回归到人身上来，其作为人性的基本规定之一，成为人借以认识自身、规范自身，并最终成就自身的重要范畴。"义"由心性德目转变为实现过程，义的本质含义，即"宜"，在叶适这里终于得到了详细说明：宜不仅仅包含遂志，同时也包括人的道德自觉和对外在规律制约的依循，也就是"致命"。叶适这里牵涉到了"义"范畴的另一个重要问题——义命之辨，而叶适对命的界定，显然是将其作为外在性规律对人的限定和制约，他将致命与致知联系起来，在其实践论知行观的前提下，将命理解为实践中对自然规律和道德规律的认识。"义"，也就是宜，其外在合规律性（致命）与内在合目的性（遂志）两重含义，终于对儒家的义命之辨做了相对清晰的界定和说明。

### （三）以义和利

作为朱熹与陈亮大辩论的继续，同样作为事功学派学者的叶适也参与了这场论辩。叶适站在与陈亮相同的立场上，分析了朱熹的义利之辨与王霸之辨学说，同时尖锐地指出其理论的漏洞所在。

他首先反驳朱熹的重义轻利观，认为无利即无义。"'仁人正谊不谋利，明道不计功'……古人以利与人而不自居其功，故道义光明。后世儒者行仲舒之论，既无功利，则道义者乃无用之虚语尔。然举者不能胜,行者不能至,而反以为诟于天下矣"[1]。叶适首先区分了古人与后世(今人)的不同,"古人"指的是三代及其以上圣王,是内圣与外王兼具的统治者;"后世"指士、读书人,不具备外王地位和功业。"古人"所处的地位——非专制的最高统治者,意味着其无私而尽公,故而能够不谋利、不计功——不谋利而利自在,不计功而功自成。"后世"则忽略了必要的自我定位,由于社会地位的转变,导致原本作为整体的"圣"内涵的两分——内圣与外王,"后世"专言性命道德之学而忽视外王事功,故而无功利可言,道与义也就成为虚悬无依的空谈。

叶适虽然认识到了古今之别和义利统一的实在条件性,但是却没有意识到义利观述说主体的转变。作为原始和奴隶社会的最高统治者,由于其对社会财富的绝对占有,并无严格的公私之分,因而也就无所谓义利之别,在当时义与利是作为事实上的未分化的统一体而存在的,"正义不谋利,明道不计功"是事实,并非理论可能和社会理想,更无所谓道德可言。

孔子强调的"见利思义"义利观,是基于当时私人权利已经大量出现的社会现实,建立在其"礼"思想的基础上,以"礼"来规定社会成员之间的权利义务关系,此时义利观已经成为伦理制度背后的道德观念,见利思义是适用于全社会成员的。重义轻利则强调在道德理论内部,作为理论核心和原则的"义",对于个体私利具有约束性和价值优先性;反映在具体道德实践活

---

[1] [宋]叶适:《习学记言序目·汉书》,卷二十三,第324页。

动中，则主要体现为动机上的义和公，这也正是朱熹理学基础上的义利观所要表达的含义。

叶适的义利观，无论是从出发点还是从哲学理论上，都与朱熹有着极大的不同。他站在朴素唯物论和朴素经验论立场，以个体性存在的"人"为理论核心，强调由具体实践活动出发，事中见道；对于社会性存在的个人而言，明道计功、正义谋利正是个人权利和义务的根本体现，道义无论是脱离了功利，还是不能带来现实功利，都是虚伪的。

在此基础上，叶适提出"以利和义"的主张，将义理和功利相结合，"古人以利和义，不以义抑利"。基于其"事中见道"的理论，叶适认为义是作为人类活动道德律的组成部分，不是虚悬的，必须在具体的求利活动中才能得到体现。义作为求利活动中的应然性规则，不能脱离具体活动而存在；以利和义即是强调义作为应然存在的现实性要求。叶适将义作为事功的必要部分，既是其政治哲学的治国之道要求，同时又是成己之道题中之义。

以利和义，正是叶适批驳朱熹重义轻利思想的体现，同时也是其历史哲学的必要理论。针对朱熹三代王道、汉唐霸道的结论，他认为唐虞三代仅仅是"治道"的初步展开，汉唐的功业是"治道"历史发展的阶段性展开。三代的王道政治，因为其义利未分，虽然不是以私欲行，却也未展开义理与功业这一对矛盾；汉唐"治道"虽然偏重功业，却依然包含着正义的内涵，"今但当论其得志后，不至于淫夸暴虐，可与百姓为刑赏之主，足矣"[1]。因此，所谓王道与霸道之辩，实质上是没有看到义理与事功之间的统一性，有意割裂义利的结果。以利和义基础上的历史哲学，揭示了历史道德退化论的理论本质，同时也消解了其理论基础，建立了新的历史哲学观——王霸合一。

就成己之道而言，以利和义思想，纠正了宋代儒者偏重心性的理论缺失，"儒者失其指，故不足以开物成务"。同时叶适表达了以个体平民为理论核心的道德伦理观，他强调在谋利计功的具体活动中，认识并把握正义、实现正义，以此来达到成就自我的目的。

无论是陈亮还是叶适的事功思想，都以具体现实存在的人为核心，通过积极追求事功的方式来成就自我、成就社会，将成己与成物在实践过程中统一起来。两者基于经验认识论和历史观，进而阐发新的道器观、义利观、王霸观，为"义"范畴在基础原理和哲学建构上创造了新的模式，开辟了新的路向。两人均以具体现实存在的人为核心，推动"义"范畴的理论平民化进程，为"义"范畴的发展做出巨大贡献。同时，其义利观和王霸政治哲学观、历史观的创新，推动了儒家政治哲学和历史哲学的进步，为正确认识政治、社会、法律等提供了理论支持；同时也开启了关于公私关系、个人与社会关系反思的浪潮，为明清时期的启蒙思想出现和发展奠定了基础。

---

1 / [宋] 叶适：《叶适集·龙川集序》，卷十二，第 207 页。

第九章

# 明朝时期的"义"思想

## 一、王阳明:"集义亦只是致良知"

从南宋末年到明代前期,程朱理学占据着主导地位,而且被统治者定为官方学说,作为科举取士的标准。明初理学,"以朱熹学说为依归……功夫途径皆不出朱学范围,理论上创获不大"[1]。随着明代中后期政治上的腐败、社会历史文化条件的变化以及程朱理学内在发展的僵化,其统治地位也逐渐发生动摇。在这种情况下,王阳明倡导的"心学"运动在社会层面的影响也日益广泛。"王阳明哲学就其直接意义来说是对朱熹哲学的反响,他倡导'心学'是在明中期封建统治极度腐败、程朱理学逐渐僵化的情况下出现的思想运动,具有时代的意义。"[2]

虽然元代已经出现朱陆和会的趋势,而且王阳明也在一定程度上继承和发展了程朱的思想,但是"从一个更大的历史视野来看,'和会

[1] 张学智:《明代哲学史》,北京大学出版社2000年版,第1页。

[2] 陈来:《有无之境——王阳明哲学的精神》,北京大学出版社2013年版,第2页。

朱陆'显然并不能真正显示出理学后来的发展方向。尽管阳明哲学的不少讨论是内在地继承朱子学而来,但若将阳明看作和会朱陆的继承者,则完全不恰当……无论如何,阳明哲学整体上是对朱学的反动,而不是调和"[1]。

从宋明理学的内在发展理路来看,程朱理学"在道德实践上,把伦理原则更多地作为外在的权威,忽视了人作为道德实践主体的能动性。因此,心学反对理学的实践论,认为人的本心作为道德主体,其自身就决定道德法则,突出了道德实践的主体性原则"[2]。王阳明更多确认了自我的个体性规定。王阳明的弟子王艮,基于其师对于主体意识的肯定,开辟出由道德主体性向个体自在的主体转换的路径。

王阳明(1472—1529)名守仁,字伯安,因曾筑室于会稽山阳明洞,又创办过阳明书院,自号阳明子,故被学者称为阳明先生,其学说被称为"阳明学"。他是明代最有影响的哲学家,也是明代"心学"运动的代表人物。王阳明倡导的"心学"运动不仅继承了南宋陆九渊的方向,而且直接针对宋明理学逐渐僵化的现实。王阳明的主要著作有《传习录》《阳明全书》(门人所辑)、《大学问》。

王阳明生活的时代,正是明朝内忧外患非常严重的时候。内部政治统治极其黑暗,皇帝荒淫无度、宦官专政、土地兼并严重,外部面临着外族的威胁,当时"整个社会显现出士风

---

[1] 陈来:《有无之境——王阳明哲学的精神》,第8页。
[2] 陈来:《宋明理学》,生活·读书·新知三联书店2011年版,第13页。

不竞、道德沦丧的局面"[1],道德问题日益凸显,这正是他的学说兴起的背景。在王阳明那里,一切学问都是为了人格的培养、精神境界的提高。

纵观王阳明的一生,"其几经变难而屡建奇功,虽建奇功却屡遭诬陷,阳明先生于百死千难之中,根据自己亲身经历体验,提炼出良知学说,开创心学流派"[2]。王阳明倡导的良知学说是有生命的,与他平生经历密切相关,用他的话说就是"某于良知之说,从百死千难中得来,非是容易见得到此"[3]。因此,"要研究王学的人……若忘了他的实际生活,空听他的讲话,将永不会了解他讲话的真义"[4]。王阳明的思想与其曲折的人生旅程处处融合在一起,为学、为道与为人则相应地展开为一个统一的过程。下文在阐述阳明先生的义思想的时候会结合他的实际事例来表述。

## (一) 心外无理、心外无义

心外无理,是王阳明经过龙场之悟后提出的思想,它的中心思想是,心是人的主宰,"至善根于本心,道德法则源于道德主体"[5]。下面来看一下王阳明是如何提出这一思想的。

弘治五年(1492),王阳明在浙江乡试中中举,随后便来到北京父亲官署,准备来年会试。此时,王阳明对程朱理学产生了兴趣,于是他

1 / 张学智:《明代哲学史》,第80页。

2 / 王国良:《明清时期儒学核心价值的转换》,安徽大学出版社2005年版,第124页。

3 / [明]王守仁:《王阳明全集》,上海古籍出版社2012年版,第963页。

4 / 钱穆:《阳明学述要》,九州出版社2011年版,第45页。

5 / 陈来:《有无之境——王阳明哲学的精神》,第149页。

在京师搜索朱熹的书籍研读。朱熹曾说过"众物必有表里精粗，一草一木，皆涵至理"，因此青年时代的王阳明曾按照朱子的方法来从事格物穷理的功夫。恰好他父亲的官署里有很多竹子，王阳明便"取竹子格之"。他和另外一位朋友一天到晚默默地面对着竹子，尽心竭力地来思考其中的道理，他面对庭前的竹子，冥思苦想七天，对竹子依旧无所认识，最终因为累倒而作罢。阳明感叹道："圣贤是做不得的，再也没有力量来格物了。"这次失败只是使得王阳明怀疑自己能力不够，无法做圣贤。

王阳明在思想上的转折点起于1508年的龙场顿悟。在1506年，王阳明因为上书皇帝而得罪宦官刘瑾，被流放到贵州龙场。在这样艰难困苦的条件下，王阳明思考圣人处此将有何为，"忽中夜大悟格物致知之旨……始知圣人之道，吾性自足，向之求理于事物者，误也"。这就是著名的"龙场悟道"。这就是说，经历了龙场之悟后，王阳明了解到"理本来不是存在于外部事物的，而完全地内在于我们心中"[1]。龙场顿悟的核心是领悟到格物致知之旨不是向外格物，而是向自己身心上求。在这之后，他提出了心即理、心外无理、心外无义的思想。

王阳明首先把"理"理解为道德原理。他说"于事事物物上求至善，却是义外也。至善者心之本体"。这说明王阳明认为至善作为道德原理不可能存在于外部事物，它是纯粹内在的。如果把道德原理看作源于外部事物，这就是孟子所批判的"义外说"。所以，人们穷理求至善，

---

[1] 陈来：《宋明理学》，第283页。

只需在自己心上去寻找。

其次,"理"不仅指一般的伦理原则,还指根据不同情况下制定的行为方式。王阳明认为人们只要保有真实的道德意识和情感,就自然能选择对应具体情况的适宜的行为方式;而且礼仪的周全不是至善的完成,心的善即动机的善才是真的善。这就是王阳明说的"是理也,发之于亲则为孝……发之于朋友则为信,千变万化不可穷竭,而莫非发于吾之一心"[1]。

在这些思想基础上,王阳明提出"心外无物、心外无事、心外无理、心外无义、心外无善……处物为义,是吾心之得其宜也。义非在外可袭而取也。格者,格此也,致者,致此也"[2]。这里的心并不是指知觉意识活动,而是指"心之本体",这也就是孟子所说的"四端"、陆九渊所说的"本心"概念。它不是现象层面上经验的自我,而是先验的纯粹道德主体。由于"心"为道德主体,仁义这些道德准则就先验地存在于其中,这就是"不可外心以求仁,不可外心以求义"[3]。所以,"阳明的功夫,在主动地扩充善端,并将它推至于一切观念和行动中,使这些观念和行为处于善良意志的规范下"[4]。

对于王阳明来说,心外无理、心外无义,主要强调善的动机是使行为具备道德意义的根源,因而"善"只能来自主体而不是外物,人的穷理求善,只应在本心上去发掘。所以"格物就

1 / [明]王守仁:《王阳明全集》,第233页。

2 / [明]王守仁:《王阳明全集》,第134页。

3 / [明]王守仁:《王阳明全集》,第37页。

4 / 张学智:《明代哲学史》,第84页。

是纠正人心的不正，以恢复本性的正"¹，从这方面来讲，格物也就是格心、正念头。

## (二)"知行合一"与"无我"

知行合一思想是代表王阳明思想特色的学说。知行合一学说是阳明在龙场生死边际情境下，对生命的本质及其价值如实证悟后提出的。龙场悟道给王阳明的启示，就是"求理于吾心"。王阳明的知行合一理论是以他的"心即理""心外无理、心外无义"之说作为理论基础的。通过对知与行两者之间关系的诠释，王阳明也将这一思考落实在其对于义的理解上。

对于知行合一思想提出的背景，王阳明说道："逮其后世，功利之说日浸以盛，不复知有明德亲民之实。士皆巧文博词以饰诈……吾为此惧，揭知行合一之说，订致知格物之谬，思有以正人心，息邪说，以求明先贤之学。"²在这里，王阳明表明他提出这一思想，是为了纠正世风，恢复即行即知、朴实的本体。

在宋朝时期，"知与行不仅有知识与实践的区别，也可以指两种不同的行为——求知与躬行。在阳明学中，知仅指主观形态的知，其范围较宋儒来得小。而行的范畴则较宋儒使用得宽，一方面行可以指人的实践行为，另一方面还可以包括心理行为"³。

王阳明认为"未有知而不能行者，知而不行

---

1 / 陈来:《宋明理学》，第293页。

2 /[明]王守仁:《王阳明全集》，第237页。

3 / 陈来:《宋明理学》，第295页。

只是未知",所以在知行关系上,王阳明强调的是"知行本体",强调"真知",这就是说知和行就其本来意义上说,是相互联系、相互包含的,一切知行分裂的现象都背离了知行的本来意义。那些能知而不行的,从根本上说就是"未知",这是因为知行本体被私欲割断了。所以需要克去私欲、立公心,复合知行合一的本体。

针对人们把知、行分开,分别去下功夫的观点,王阳明强调"知是行之主意,行是知之功夫;知是行之始,行是知之成"[1],主张没有脱离行的知的功夫,也没有脱离知的行的功夫,即行不能无主意,故行离不开知;知也不能无手段,故知离不开行。

王阳明从其纠正当时的士风中知而不行的弊病的目的出发,还提出了"一念之发动不善即是行"的观点。他意在匡正重视行为的为善去恶,而忽视观念上的为善去恶的做法。这与他格物即正念头的思想是一致的,最终都是要返回本心。

王阳明的"知行合一"思想一方面纠正了程朱之学的偏颇,看到了知行脱节的弊病;另一方面反对悬思盲行,主张实学真行,学以致用;而且强调了"良知"是道德行为内在的道德评价和准则,践行是"知"的检验标准和手段。

虽然王阳明的知行合一学说是侧重于行的,但是首先要在道德本体即心之本体上下功夫。他认为,虽然心之本体是善的,但是由于现实的心受到物欲的蒙蔽,所以需要从正心、明明德开始。这就是他说的无我,无我也就是克其私、去其弊,以

[1] [明]王守仁:《王文成公全书》,卷一,中华书局2015年版,第5页。

恢复心之本然。王阳明的"致其良知以求自慊",已经表明他强调的是道德的不断自我完善,而不是个人利益的实现。他的"一念之发动处即是行"的观点也表明他强调动机的善;而且他说道:"仁人者,正其谊不谋其利,明其道不计其功。"[1] 这些都表明在义利观上他强调的是义而不是利,即重义轻利。

王阳明不仅强调知行合一、无我的思想,而且还身体力行。

明武宗正德元年(1506),王阳明上疏朝廷反对把持朝政的宦官刘瑾而被贬后,他心中的"得君行道"之路已经行不通,在这种环境下,王阳明并没有放弃理想,他撇开政治,开始专注于下面的社会和平民,走上了一条"觉民行道"之路;而且,虽然他遭到朝廷的流放,但是在社会因动乱需要他时,他坚持从国家大义出发来挺身而出,在明武宗正德十四年(1519),他以卓越的胆识、机智的谋略,在敌强我弱的情况下平定了南昌的宁王宸濠之乱。这些都是王阳明践行知行合一思想的真实写照。

## (三)心得其宜谓之义

由王阳明的"心外无理,心外无义"的论述可知,仁义等道德观念是"心之本体",本来就有的,这些道德原则不可能存于体外,它是纯粹内在的,是行动者所赋予的。

那么王阳明是如何把"义"与"心之本体"结合起来的呢?他说:"心得其宜谓之义,能致良知则心得其宜矣。故集义亦只是致良知,君

---

1 / [明]王守仁:《王阳明全集》,第139页。

子之酬酢万变，当行则行，当止则止……无非是致其良知以求自慊而已。"[1]

在这里，王阳明先把"义"理解为心得其宜，"宜"也就是适宜、应当如此的意思；而在接下来的解释中，王阳明则将"宜"解释为致良知，通过"在'义'中加入'良知'的概念，便具有了自己的特色"[2]。王阳明把致良知说成孟子的"集义"，良知是义，这就是他说的"集义亦只是致良知"，义与良知是二而一、一而二的问题。

那么什么是"良知"，什么是"致良知"呢？

"致良知"是王阳明全部思想的总结，王阳明曾说过"吾平生讲学，只'致良知'三字……致良知之外无学矣"。这是他在晚年才提出的这一概念。孟子曾说："人之所不学而能者，其良能也，所不虑而知者，其良知也。"（《孟子·尽心上》）在这里，良知指的是人的不依赖于环境、教育而自然具有的道德意识与道德情感。王阳明继承了孟子的这一思想，他认为良知不是得自外界，他把良知看作主体本有的内在的特征。

王阳明强调良知作为"是非之心"的意义，它是道德意识与道德情感的统一。良知不仅具有先验的性质，而且具有普遍的性格，这就是王阳明说的人人皆有良知。这表明，他认为良知作为人的内在准则，是人人固有、各各相同的。

关于良知，有一个关于王阳明弟子的故事。

[1] [明] 王守仁：《王阳明全集》，第63页。
[2] 傅永聚：《中华伦理范畴——义》，中国社会科学出版社2006年版，第257页。

有次,这位弟子捉到一个小偷,便对小偷讲"良知"的道理。那个小偷就笑着问道:"请问我的良知在哪里呢?"这位弟子就请小偷把所有衣服都脱掉,这时小偷犹豫地说道:"这恐怕不妥吧!"这时,王阳明的弟子就对他说:"这便是你的良知。"这就是"人人都有良知""良知只是是非之心"的含义。

王阳明所说的"致良知","一方面是指人应扩充自己的良知,扩充到最大的限度,另一方面是指把良知所知实在地付诸行为中去,从内外两方面加强为善去恶的道德实践"[1]。因此,良知是每个人内在具有的行为准则,"致良知"便是依良知去行动、去实践。

在王阳明看来,"道德意识不需要到外面去寻找,人具有先验的道德意识,因而所谓为学功夫,关键在于依此知识而践行之"[2]。所以说从总体上看,王阳明的思想是强调道德实践的。

王阳明强调的"致良知"思想是有其时代背景的。"中国的专制政治,至明朝愈趋深刻……诏狱廷杖,摧残士气"[3],朱元璋曾规定不许生员上书建言、不许纠党结社、不许妄刊文字等。"专制与集权下的明清儒家与朝廷的关系不断异化"[4],明朝统治者已经没有了宋朝时期"与士大夫治天下"的气魄,因此儒家的"得君行道、内圣外王"之路已经行不通。就王阳明而论,他的奏疏大都是讨论具体事务的,只

---

[1] 陈来:《宋明理学》,第301页。

[2] 陈来:《宋明理学》,第301页。

[3] 萧公权:《中国政治思想史》,新星出版社2010年版,第369页。

[4] 余英时:《现代儒学论》,上海人民出版社2010年版,第8页。

有在明武宗正德元年（1506）才上书皇帝涉及治道，他却因此被下诏入狱、被贬到龙场。

但是，对于一个儒者来说，实现治道，建立一个合理的人间秩序又是不能放弃的理想。在这种环境下，王阳明撇开政治，转向社会为儒学开辟新的空间，"他的眼光不再投向上面的皇帝和朝廷，开始专注于下面的社会和平民"[1]，走上了一条"觉民行道"之路。

这对于当时的知识分子来说是一条既新颖又安全的道路。比如专制君主要使"天下之是非出于朝廷"，王阳明却强调"良知只是个是非之心"，而良知人人都有。这样，"他便把决定是非之权暗中从朝廷夺还给了每一个人"[2]，这实际上隐含着平等之义，一切外在标准均丧失其权威，而皆有个人本心决断。由此，个人的担当精神或批判意识也日益凸显出来。从这一点来说，良知学说"含有打破偶像，动摇传统思想权威之倾向"[3]，有深刻地抵抗专制的意义，这也是王阳明的心学思想在明朝后期能够迅速广泛传播的原因。

王阳明这种不直接挑战权力本身，但却在理论上为每个个体抵抗专制权力留下空间与可能的做法，被其后学所承袭、发扬，并最终走向像黄宗羲那样直接对抗政治权力的路径之中。

王阳明曾说过"破山中贼易，破心中贼难"，这实际上是对他自己一生努力和追求的简要概

[1] / 余英时：《宋明理学与政治文化》，吉林出版集团2008年版，第190页。

[2] / 余英时：《现代儒学论》，第9页。

[3] / 萧公权：《中国政治思想史》，第374页。

括。他的功绩不仅在于"破山中贼"——破除叛乱,而且在于"破心中贼"——破除心中的私念,提高内心的道德境界。他为人正直耿介、言行一致,树立了供世人效仿的榜样。中国古代儒家传统文化所倡导的"内圣外王""仁智合一"的思想,在王阳明的一生中得到了最充分、最完整的体现。

王阳明认为"君子之学,求尽吾心焉尔,心尽后而吾心始自以为快也"[1],这就是说君子认为应当做的、义之所在的地方,要尽自己最大的努力,这样不管结果如何就也会快乐和满足。这也是王阳明一生的真实写照。

## 二、王艮:"淮南格物"之义

王艮(1483—1541)字汝止,号心斋,曾师从王阳明,阳明死后,归泰州讲学,他继承阳明心学并将其发扬,后创立泰州学派。王艮较多保持了百姓的质朴率真,他主张"百姓日用即道"[2],他说"百姓日用条理处,即是圣人之条理处,圣人知便不失,百姓不知便为失"[3]。正如李春芳所说,"先生之学,始于笃行,终于心悟"[4];王艮的思想学说在践行中发端,在心悟中成熟,其思想学说里面蕴含着平民色彩。其主要著作为《心斋先生全集》。

---

1 / [明]王守仁:《王阳明全集》,第762页。

2 / [清]黄宗羲:《明儒学案·泰州学案一》,中华书局2008年版,第710页。

3 / [清]黄宗羲:《明儒学案·泰州学案一》,第715页。

4 / [明]王艮:《王心斋全集·心斋先生学谱》,江苏教育出版社2001年版,第86页。

王艮七岁入乡塾，后因家里贫困而辍学，随父亲往来于山东各地经商。经商时随身携带《论语》《孝经》等书，有疑问就去请教别人，久而烂熟，能心口谈解。三十八岁时，王艮远赴江西，师从江西巡抚王阳明，是王阳明的重要弟子之一。

王艮于1520年初拜访王阳明，纵言天下事，而鉴于当时的社会政治环境，王阳明对他讲"君子思不出其位"以及"舜居深山……乐而忘天下"。针对王艮的政治议论，王阳明一再阻止他谈下去。王艮原名为王银，王阳明根据《周易》的《艮》卦的卦义为其更名为"艮"，意在告诫他，在当时的政治环境下，要注意收敛。王艮后来接受了王阳明的判断，六年后有《明哲保身论》之作。

## （一）淮南格物

在众多关于格物的解释中，王艮的格物思想以其突出的平民色彩而独树一帜，被称为"淮南格物"。

对于"格物"，王艮说道："身与天下国家一物也。惟一物而有本末之谓。格，絜度也，絜度于本末之间，而知本乱而末治者否矣。此格物也……修身立本也，立本安身也。"[1]

他认为，从万物都是物的角度来说万物一体，而万物中"身"是本，天下国家是末。他将"格"理解为絜度，也就是衡量的意思，所以"格"也就是以"本"为标准来衡量"末"。格物也就是要求人把注意

[1] ［清］黄宗羲：《明儒学案·泰州学案一》，第712页。

力转移到正身，身正则家国天下也就容易正了；格物的结果就是知本，知修身为本。在这个层面上，王艮的"格物"思想没有脱离以修身为本，从而实现治国、平天下的思想框架。

张载曾说过"为天地立志，为生民立道，为去圣继绝学，为万世开太平"[1]，这表达了儒家精神中追求理想的一面。张载的这一思想学说获得了王艮的赞赏。王艮一再以古代圣贤为例，称颂他们名分地位虽有悬殊，但其功业学问与奉行"为天地立心，为生民立命"的宗旨则是完全一致的。他说："昔者尧舜不得禹、皋陶为己忧，孔子不得颜、曾为己忧，其位分虽有上下之殊，然其为天地立心，为生民立命，则一也。"[2] 由此可见，王艮在一定情况下并没有放弃儒家治国平天下的理想。

"他的格物说之所以受到同时及后学者的注意，是因为他在修身为本外，提出了爱身、安身、保身、尊身的思想。"[3] 由于王艮把身看作万物之本，所以他说："不知安身，便去干天下国家事，是之为失本……不知身不能保，又何以保天下国家哉？"这里的安身保身的身指的是个体血肉之躯的生命存在。在他看来，生命之身是最根本的，没有生命之身，其他都无从谈起。

他认为保身并不是苟且偷生。他说："安其身而安其心者，上也。不安其身而安其心者，次之。不安其身又不安其心，斯为下矣。危其身于天地万物者，谓之失本。洁其

---

1 / [宋] 张载：《张载集》，中华书局1978年版，第320页。

2 / [明] 王艮：《王心斋全集·答邹东廓先生》，第46页。

3 / 陈来：《宋明理学》，第387页。

身于天地万物者,为之遗末。"[1] 心安身保是最高境界,其次才是杀身成仁。在这里,他站在珍爱生命的角度对传统上强调舍生取义的行为有所批评,王艮认为孟子的"舍生取义"思想只是"应变之权"。

这样,王艮的安身思想与王阳明的就有所不同,王阳明认为如果其行为合于义理就是安身,即"义"高于"身",而王艮则把爱护人的感性生命置于与珍重道德原则相等的地位。

## (二) 明哲保身

义利关系中涉及个人与他人,特别是个体与集体的关系。在这一问题上,王艮的看法集中体现在"明哲保身"的思想中。

王艮在四十四岁时,看见"同志在宦途,或以谏死,或以谴逐远方",认为"身且不保,何能为天下万物主"?因作《明哲保身论》。他说道:"明哲者,良知也。明哲保身者,良知良能也。知保身者则必爱身,能爱身则不敢不爱人,能爱人则人必爱我,人爱我则吾身保矣。"[2]

也就是说,王艮认为保存自己身体是本能的、天生的,在个人与他人之间,先要爱自己,因为若不爱己则无法爱他人;在个体与天下国家之间,同样也应该先保全个体,没有个体的身,保天下保国家就成了一句空话。

同时王艮从保身的理论引出"爱人"的伦

---

[1] [清] 黄宗羲:《明儒学案·泰州学案一》,第713页。

[2] [清] 黄宗羲:《明儒学案·泰州学案一》,第715页。

理。他认为爱别人是保存自我的前提和有效手段：爱别人的范围越广，爱我的人就越多，这样我的身体就越牢固；而不爱人的结果就是遭遇报复从而不能保身。这就将别人与自己联系了起来，从这样的思想出发最后引向了自我的道德修养。

王艮没有单纯地提倡独善其身，也不是只要求个人认识自我本性、完善道德以完成主体之仁，而是要求主体完善之后再推己及人、由人及物，最终达到主客体的内外合一。他突破了传统儒学中以他人与群体为先、忽视个人的看法，重视个体的生命存在与价值，主张先保证个体的主体性，再履行对他人与群体的义务和责任。

关于王艮的"明哲保身"所引出的"爱人"的思想体现在这一故事中。明世宗嘉靖十四年（1535），这一年发生了饥荒，王艮不仅自己出粮食周济邻里，而且还劝告乡里富有的人慷慨解囊。这时恰巧碰到一位名叫徐芝南的御史，王艮问道：如果有恻隐之心的话，你是将其发扬呢还是遏制呢？这名御史回答道：要将其发扬。这时王艮就说道：想必您也不想看到百姓忍饥挨饿吧，那就请您开仓赈济灾民吧。于是这位御史就"慨然发赈"。这件事情过后王艮说，积善的家庭，一定会幸福的。于是就把他的女儿许配给了这位御史的儿子。

王艮之所以强调保身，大多是和当时的社会环境息息相关的，旨在肯定生命存在的价值；而且他在阐述儒家伦理的时候，不自觉地加入了功利的意义，他的伦理观中突出了个体感性生命在人生和价值中的意义。

从王阳明到王艮,"格物"说由王阳明的正心良知转向了安身保身,与对"身"的重视相伴而来是对具有生命价值的个体和属于身体的欲的重视。正是王艮将"身"放在与道相同的位置,才有了泰州学派后学对义、欲与私的力倡。

## 三、李贽:"谋利方可正义"之义

李贽(1527—1602)字卓吾,号宏甫,福建泉州人,因泉州为宋温陵禅师居地,因此又自号温陵居士。李贽七岁时便随父亲读书,学习礼仪。嘉靖三十年(1551),李贽中举人,嘉靖四十二年(1563),出任北京国子监博士,后任北京礼部司务,开始接受阳明学、佛学。由于其思想被视为"异端",李贽多次遭朝廷迫害。万历三十年(1602),李贽被捕入狱,在狱中自杀。他著书极多,最主要的有《藏书》《李温陵集》等。

李贽的思想体现了传统观念压抑下的知识分子要求返归本真自我、还人性以自由的时代潮流。他的思想,是自王艮开创的,"自信自立、面向下层民众生活、不空谈心性的泰州之学的基本精神在明代后期社会经济背景下发展的结果"[1]。

他以自然人性论为基础,提出了现实人性的本来面目是"人皆有私""趋利避害"的,于是便出现了这种肯定现实的人的物质利益追求的义利观。

虽然李贽一方面崇尚功利,但是他在与朋友

[1] 张学智:《明代哲学史》,第299页。

交往时也非常重视"义",是位尚"义"的思想家。在《焚书·朋友篇》中他说道:"夫天下无朋友久矣。何也?举世皆嗜利,无嗜义者。"万历五年(1580),李贽在姚安辞官离任后,就搬到湖北黄安,在耿家充当门客兼教师,以兑现三年前他与莫逆之交耿定理相约在此共商学问这一诺言。

在李贽那里,功利与道义非但没有矛盾,反而相得益彰。比如说作为一名官员,其工作的业绩,当然要见之于对社会和民众的实效,当然要讲究社会功利,但是,就个人交往或维系朋友间的感情而言,当然应讲究情感,重视道义。也就是说,在公的范围内,应该推崇社会功利和民众福利;在私的范围里,应该崇尚人情道义。所以,李贽的义利观,从根本上看只存在先后轻重问题,不存在彼此排斥问题。

李贽关于义的思想也体现在他的行动中,这就是"义"内涵中的责任这一层含义。嘉靖三十九年(1560),李贽被提拔为南京国子监博士数月后,其父病故,他因此回乡守制。这时正值倭寇攻城,他就主动带领弟侄辈日夜登城巡守,与全城父老兵民同仇敌忾,避免了敌人的掠夺。

下面主要来介绍一下李贽的"谋利方可正义"的义利观。

## (一)"夫私者,人之心也"的私利论

李贽义利观的出发点是人性自私论,一改传统的"义利之辨"而转为"公私之辨"。他认为"私"是人类的天性,"夫私者人之

心也。人必有私而后其心乃见,若无私则无心矣"。

他认为,圣人与凡人都是一样的,都是率性而为的。这里的率性而为,指的是顺应人的自然本性与自然需要而为。进而,他把人的自然本性与自然需要理解为人的私心与吃饭穿衣。他说道:"夫私者,人之心也。人必有私而后其心乃见,若无私则无心矣……无私之说者,皆画饼之谈。"[1] 在《焚书》一书中,他也说道:"穿衣吃饭,即是人伦物理。除却穿衣吃饭,无物伦矣。"李贽的这一理解与王艮的"百姓日用是道"的思想有着明显的继承性。

李贽认为在利益面前,人想到的首先是自利,接着才有可能利他,为此他说道:"如服田者,私有秋之获而后治田必力;居家者,私积仓之获而后治家必力;为学者,私进取之获而后举业之治也必力。"[2] 他把一己物质利益之私看作人们从事一切生产活动和其他活动的基本动力。

李贽说他之所以认为"人皆有私",是来自对现实生活的考察。继而他说道:"趋利避害,人人同心。是谓天成,是谓众巧,迩言之所以为妙也。"[3] 李贽认为,在百姓的一切治生产业之中,都表现了为其物质利益而劳作的私念,证明了"趋利避害"乃是"人之同心",不待教而后行的"天成"和"众巧"。李贽认为这些通过百姓的"迩言"所表现出来的现实的人性中的"私"是善的。他说:"夫善言即在乎迩言之中,……夫唯以迩言为善,

1 / [明]李贽:《李贽文集》,社会科学文献出版社2000年版,第626页。

2 / [明]李贽:《李贽文集》,第626页。

3 / [明]李贽:《李贽文集》,第38页。

则凡非迩言者,必不善。"[1] 在这里,李贽以私为善,充分肯定人们为满足其物质生活的欲望、追求合理的私人利益是善不是恶。

李贽从人趋利避害的自然本性出发,把人的欲望视作其行为的基础。他认识到人的"私心",即人的需要是人行动的动力,肯定人追求物质利益是人性之自然体现。他把人的物质利益的追求,"趋利避害"的生命活动本能,当作了全部道德的基础,合乎这种现实的人性的,即是善,否则就是恶。以此为基础,李贽提出了"谋利方可正义"的义利观。

在提出"谋利方可正义"的义利观之前,李贽为了证明"人皆有私"的普遍性,他提出了圣人亦有私的观点。

## (二)"虽圣人不能无势利之心"的趋利论

为了使"人皆有私"说得到更彻底的证明,李贽进而说那些口头上"严义利之辨"的圣贤们也是有私心的,其标榜"无私"不过是自欺欺人。

为此,李贽举例说孔子相鲁才三个月就"御寒之裘,不一而足",由此可见圣人也有私心,且比起老百姓来大有过之而无不及。李贽说:"大圣人亦人耳,既不能高飞远举,弃人间世,则自不能不衣不食,绝粒衣草而自逃荒野也。故虽圣人不能无势利之心。"[2]

李贽进而认为,对于"利"的追求,其实并没有什么可耻的,唯心口不一,既追逐财与势又

---

1 / [明]李贽:《李贽文集》,第369页。

2 / [明]李贽:《李贽文集》,第358页。

要假借大义窃取美名，才是可耻的，其中尤其可鄙的是那些冠冕堂皇的伪君子们。他们平日里满口仁义道德，"及乎开口谈学，便说尔为自己，我为他人；尔为自私，我欲利他"，其实在"利他"与"自私"，即义与利之间的取舍上，也都毫无例外地选择后者。所以说到底，即使是那些伪君子也与寻常百姓在本性上是相同的，都是趋利避害，都渴望富贵发达。

在李贽看来，当时的程朱理学已被道学家们教条化、奉为无上的权威，而这种现象禁锢着人们的精神生活和世俗生活。他在《焚书·赞刘谐》中讲了一个道学先生尊孔的故事：有一位道学先生，头戴三纲五常的帽子，身穿人伦的衣服，自称是仲尼的正传弟子。这时他碰上了一个叫刘谐的人，刘谐是一个聪明、有见识的读书人，看到这个道学先生的样子，便笑着说道："你这家伙，根本不了解我仲尼兄。"那道学先生一听，气得脸色都变了，指着刘谐说："天不生仲尼，万古如长夜。你是什么人，竟敢将仲尼称为'兄'？"刘谐说："哦，怪不得远古时候的圣人整日点着纸烛走路呢，原来是因为当时没有孔丘啊！"那道学先生听了顿时哑口无言。李贽借刘谐之口，讥讽了当时社会上盲目奉孔、尊孔的僵化现象。

从李贽的私利论出发，人的欲望与私念都变得自然而合理了。人不能无私心，有私心故有我，而私心即是我的重要价值之所在，因此就不能不顺受其私而各遂其欲。也就是说，私利才是人们一切经济活动及其他行为的原动力。

从"趋利避害"的"人皆有私"论出发,李贽对以董仲舒为代表的义利观提出了批评,提出了"谋利方可正义"的义利观。

(三)"谋利方可正义"的义利观

李贽在阐述自己的义利观时,认为董仲舒虽然说"正其谊而不谋其利,明其道而不计其功",但是他的观点之间是"自相矛盾"的,他写道:"汉之儒者咸以董仲舒为称首,今观仲舒不计功谋利云云,似矣。而以明灾异下狱论死,何也?夫欲明灾异,是欲计利而避害也……所言自相矛盾矣。且夫天下曷尝有不计功谋利之人哉!若不是真实知其有利益于我,可以成吾之大功,则曷用正义明道为耶?"[1]

李贽认为董仲舒其实并非不讲功利,董仲舒所提出的"灾异谴告"说本身就是趋利避害的最显著的证明。这里,他通过董仲舒不计功与利而欲明灾异之间的悖论,揭露了董仲舒理论上的矛盾。当然,李贽并非要讽刺汉儒,而是借此说明天下没有超越功利的人和事,也没有离开社会功利的纯粹道德。

在得出天下人皆是计功谋利之人后,李贽阐述了"谋利"与"正义"两者之间的关系。他说道:"夫欲正义,是利之也。若不谋利,不正可矣。吾道苟明,则吾之功毕矣。若不计功,道又何时而可明也?"[2]

李贽认为世间一切人和事,都是为了成就一定之功,获得一定之利,而所谓的"正义""明

---

[1] [明]李贽:《李贽文集》,第189页。

[2] [明]李贽:《李贽文集》,第626页。

道"不过是实现"功利"的旗号,离开了功利,正义就变得毫无意义。所以仁义为其表,功利及其质。普天之下没有不追逐功名利禄之人,即使圣人也不例外。

李贽认为,追求自然本性中的"私利",是值得称道的"善"。李贽肯定人欲望的合理性,肯定个体追求欲望满足行为的合理性,这蕴涵着市民主体意识觉醒的倾向,也是对北宋以来人们认为道德原则高于一切的观点的反动。

李贽直截了当地宣称:"我以自私自利之心,为自私自利之学,直取自己快当,不顾他人非刺。"[1]这样的言论,虽偏激却有一定道理,对于矫正社会轻视民众功利的现象也有积极意义。因为宋明时期儒家士大夫大多如董仲舒一样,高唱仁义轻视功利。

综观李贽之思想,可知其一方面强调社会功利和民众利益,另一方面崇尚道义,强调做真人、讲真话。李贽的这种义利观是有其时代背景的,他对于个体原则的高扬,是和明代后期市民阶层的壮大、个体意识的增长相呼应的。

---

1 /[明]李贽:《李贽文集》,第54页。

# 第十章
# 明清之际的"义"思想

## 一、黄宗羲:"义利双行"的义利观

明末清初在中国历史上被称为一个天崩地裂的时期。明清之际,中国社会出现了引人瞩目的变化。明清之际朝代嬗替、天崩地裂,社会各阶层矛盾不断加深,商品经济的高速发展、市民阶层的壮大,对传统理学的诟病以及对君主专制政体的质疑都出现在这个特殊的时代背景中。

在这样的社会背景下,明清思想界也发生了重要的变化。主要表现在:第一,产生了具有鲜明时代特色的实学思潮。明朝中后期,理学和心学流于空疏。知识分子严重脱离实际,他们热衷于空谈心性,专注八股时文,而对正在发生的社会变革漠不关心,甚至还鄙视实际的经世才能。明朝的灭亡对当时的知识分子形成了强烈的冲击。通过对理学和心学的批判,学者们将目光投注到了实学上。一方面,他们对"事功"的重视,带有功利主义色彩。另一方面,他们注重通经明史,以求经世致用。第二,强调理和欲、义和利的统一，是这个时代思想家的另一个特点。这个时期的学者对宋明理学家所主张的"存理灭欲""以义斥利"的观点大多持否定态度。他们更倾向于理欲、义利的融合。

总之，在明清之际，民族矛盾空前激化，商品经济持续发展，市民阶层不断壮大。与之相应，思想领域掀起了批判传统儒学，提倡经世致用的风气；政治上出现了批判君主专制政体的倾向。正是这样一个时代，造就了黄宗羲、王夫之这些开一时风气的思想家。

他们在传承儒学的时候，也对儒学特别是宋明理学进行了多方面的反省与总结，进而形成了一股社会批判思潮，这其中包含着对"义"范畴在内的伦理价值体系的反省与发展。

关于"义"范畴的变化，最醒目的就是义利观的变化。义利观是中国传统社会探讨的重要话题，儒家关于义利观的主流观点是强调义利统一前提下"义"的价值的优先地位；在以"义"为前提的义利观中，儒家也承认"利"的合理性，并强调获"利"的途径的正当性。明清以来，随着商品经济的发展，人们对于功利也有了进一步的认识，这也推动着义利观的变化。

黄宗羲（1610—1695）字太冲，号梨洲，浙江余姚人，生于明万历三十八年（1610），卒于清康熙三十四年（1695）。他与顾炎武、王夫之并称"明清之际三大思想家"。他所撰写的《宋元学案》《明儒学案》是中国最早的学术史专著，而其《明夷待访录》等著作则在中国思想史领域有着卓著的贡献。

关于黄宗羲的一生,他对自己的生平概括为:在其弱冠之年之前,为人生的少年阶段;至其父黄尊素被魏忠贤所害、上京申冤后追随刘宗周,在明清嬗替之际追随南明弘光,直至其覆灭,这时为青年党人时代;而后中年时代颠沛流离,从南明鲁王至永历政权等是他为复兴明朝奔波的生活;而后至五十多岁以后纵身儒林,投心书院是为晚年生涯。

黄宗羲生活在明末清初时期,内忧外患的社会矛盾、阳明后学的空疏学风和经世致用的时代风潮成为其思想产生的时代背景。

## (一)"义利双行"的义利观

黄宗羲在义利观的问题上明确主张义利合一。他提出:"古今无无事功之仁义,亦无不本仁义之事功。"[1]他认为片面强调义或利都会产生很多的弊端,他说:"自仁义与事功分途,于是言仁义者陆沉泥腐,天下无可通之志;矜事功者纵横捭阖,齰舌忠孝之言,两者交讥。"[2]

黄宗羲"义利合一"的义利观,继承了前人重视事功的功利主义思想,力求经世致用。这种义利观的基础是"自私自利"的人性论假设,其核心是公私合一的公私观。

黄宗羲在《明夷待访录·原君》的开篇写道:"有生之初,人各自私也,人各自利也。"这是黄宗羲假想的"无君"时代人性的自然状

---

1 / [清]黄宗羲:《黄梨洲文集》,中华书局1959年版,第257页。

2 / [清]黄宗羲:《黄梨洲文集》,第258页。

况,即每个人出于与生俱来的本性,追求个人的一己私利;但是这种状况也有弊端,那就是"天下有公利而莫或兴之,有公害而莫或除之"。所以君主之所以必要,就是需要他为社会兴公利、除公害,从而满足人们对于自利的欲求。从这里也可以看出,黄宗羲的思想中含有功利主义价值观的特征。

从上段引文中可以看出,黄宗羲认为"自私自利"是存在于人的自然本性之中的。这样黄宗羲就赋予了人们私欲的合理地位。他进一步将人欲和天理统一起来,指出:"人心本无所谓天理,天理正从人欲中见,人欲恰好处,即天理也。向无人欲,则亦无天理之可言矣。"黄宗羲用"天理即是人欲"的观点将人欲与天理放在了等同的位置,使得长期处于客体地位的百姓确定了自身的主体地位,使人们有了合理保障生活与追求利益的权利。

黄宗羲一方面阐述了私欲存在的合理性,另一方面对公利与私利之间的关系做了详细解释。

他认为在没有合理地安排好公私关系或是单方面推崇义或利会对社会造成反面的影响。在公利与私利的辩证关系上,黄宗羲认为两者关系的道德规范是互相一致的,私欲需要与天下人的利益保持一致而且不能为了满足私欲而损害公利。

黄宗羲对传统的崇公抑私的公私观的批判体现在两个方面。一方面,他将"自私自利"看作是人与生俱来的一种固有属性。黄宗羲所说的"私"不具有"恶"的属性,这是对传统的将"私"等同于"恶"的观念的否定。另一方面,他对传统的以君权为

"公"的观念进行了批判。黄宗羲认为"后世"君主背离了"兴天下公利,除天下公害"的立君之道,"以我之大私为天下之大公"。他指出君权不仅不能代表公,而且成为"天下之大害"。在中国传统的"崇公抑私"的精神中,个人的利益是被忽视的,它消融在整体之中。而黄宗羲的公私合一的公私观在一定程度上使个人的意义凸显出来。

不仅如此,黄宗羲还提出"义利双行,王霸并用"[1]的主张。他认为真正的仁义必然体现于"民所欲,聚之;民所恶,勿施"的仁政实施上。他强调"古今无无事功之仁义,亦无不本仁义之事功"、强调"功到成处便是有德",从而把功利事业看作"仁义"的现实依据。这也就将仁义这些价值规范与事功结合了起来。

黄宗羲也用行动在实践着"将事功与仁义结合起来"的思想。崇祯十七年(1644)春,崇祯皇帝自缢于煤山之上,清军入关。顺治二年(1645)六月,清军攻破杭州。在此情况下,他欲起义军抗清,尽管有人劝他,但黄宗羲答道:"个人恩怨事小,社稷存亡事大。国家兴亡,匹夫有责,怎可不保!"他变卖家产,与弟弟以及邻里一起加入抗击清军的行动中。失败后,始终不仕清朝,闭门著述。黄宗羲的这种行动所体现出来的精神,实际上是一种民族情结和文化认同心理,而不是狭隘地对一姓一朝之忠贞,更多地体现为对自身文化之依恋。

综上所述,通过"自私自利"的人性论以及"公私合一"的公私观,黄宗羲阐明了他

---

1 /[清]黄宗羲:《黄梨洲文集》,第64页。

"义利双行"的义利观,肯定了人们求利的正当性、有利于人们确立个人的主体意识、为人们摆脱思想束缚提供了新的途径。

## (二)"天下为主,君为客"的民本思想

在明末清初的思想家中,黄宗羲政治思想的特色在于,他与当时一流知识分子一起,在明朝覆亡的刺激下,对于政治不仅进行了理念的反省,而且也进行了制度的反省。这种反省不仅仅涉及土地赋税等具体制度,而且对君主专制社会的根本政治制度和政治理念提出了深刻和尖锐的反省。而这种政治思想的反省和批判由以发出的基础,则是他得自古典儒家的深厚的民本主义观念。[1]

黄宗羲在《明夷待访录·原君》一篇中提出了"天下为主,君为客"的观点,通过对这一观点的论证,他将伦理道德观念引入政治思想中,也就是说以道德上尽责与否或者是否合乎道义来作为善恶判断的依据。

黄宗羲认为国家主体是万民而不是君,强调君主的职分应是"不以一己之利为利,而使天下受其利;不以一己之害为害,而使天下释其害"。他认为设立君主是为了让君主为天下万民服务,成为天下万民的公仆。传统儒家的民本思想是建立在"君主民客"的基础之上的,要求统治者实行"仁政"、建立"王道";仁政的目的是为了使统治阶级统治得更好,使社稷更加稳固,其利益出发点是统治阶级;仁政、爱民都是以不损害专制君主的至高

---

[1] 参见陈来:《黄宗羲民本思想的现代意义》,《浙江学刊》2005年第4期。

无上的权力为原则的。而黄宗羲的民本思想则认为君主是为天下之民兴利除害的需要而产生的，为民兴利除害是君主的本分；君主是为天下之民服务的公仆，而天下之民则是社会的主人，只有这样才符合君主的身份。

这样，黄宗羲将传统的"义利之辨"与"王霸之辨"引入其中，以究竟是遵从于天下为公的"义"还是遵从于一己之私的"利"来作为评判君主的尺度。从这一判断标准出发，他认为自春秋战国以来，天下有乱而无治，其原因是君主的心术不正，"以天下之利尽归于己，以天下之害尽归于人"，违背了"兴公利，除公害"的设君之道。因此他得出了"为天下之大害者，君而已矣"的结论。

在《明夷待访录》中，黄宗羲抨击两千年来的君主制实践把一家一姓的大私当作天下之大公，把天下当作自己一家的私产，把维护某一家一姓的君主统治当作天经地义的原则。他主张以天下作为根本的价值出发点，认为君主和大臣，都应当以天下为事，即以天下的利益作为追求的终极目标。他所说的天下其实是指万民即全体人民。

因此，黄宗羲明确反对把君臣之义绝对化，反对君主本位的政治伦理，而强调天下本位的政治伦理，这些思想同先秦儒家关于君臣的思想有相似之处。他认为，人们做官不是为了君主一个人，而是为了天下百姓。因此，就不能把愚忠视为人们应该遵守之"德"。在他看来，从原则上看，士大夫对于王朝兴替的态度，应当以万民的苦乐优先于一姓一朝的君臣之义,政治的正义必须以万民的好恶为归依,而决不能以一姓皇权的利益和兴亡作为正义的标尺。

总而言之,黄宗羲提出的君为民害论、民主君客论和万民忧乐论,一方面是对儒家传统民本思想的继承,另一方面也是一种超越。[1]之所以说他在一定程度上超越了传统的民本思想,是说他超越了自孟子以来在君主专制制度下传统儒家重民、爱民、为民请命的民本范式。"黄宗羲的'天下为主,君为客'政治命题包含了三层政治含义:一是天下是人民共有的,而非君王一家一姓所私有;二是天下大事应由人民当家作主,而非由君王一人垄断;三是君与民的关系是完全平等的,君由民推选出来为天下兴利除害,因而必须尽心尽力地为民服务。"[2]而黄宗羲的万民忧乐论,则既是对儒家传统爱民、为民的民本思想的继承,也蕴涵着天下是人民的天下,而非君主一家私产的观念。黄宗羲的民本思想,在清末至近代的民主革命运动中曾经起了极其重要的思想启蒙作用。

## 二、王夫之:"立人之道曰义"

王夫之(1619—1692)字而农,号姜斋,晚年隐居在湖南衡阳石船山,学者称其为船山先生,湖南衡阳人。

王夫之的父亲为当时著名学者,王夫之从小

[1] 参见吴光:《黄宗羲的学术成就及其现代价值》,《中国哲学史》2006年第1期。

[2] 参见吴光:《黄宗羲的学术成就及其现代价值》,《中国哲学史》2006年第1期。

就受其影响,学兼经史百家。清兵南下时,他曾在衡阳举兵抗清,兵败后,投奔南明永历政权;后由于永历朝廷深陷党争,遂返回湖南一带,隐居不出、潜心著述,直至逝世。其主要著作有《周易外传》《周易内传》《尚书引义》《读通鉴论》等。

王船山身处国族遭受重大厄运的明清之际,他对国破家亡有着切身的体会。在王夫之身上体现了他强烈的文化批判精神和知识分子对国家民族的自我担当精神。他曾在《周易外传·杂卦传》中以"历忧患而不穷,处死生而不乱"来表达自己所追求的做人的最高标准。

## (一)"生以载义、义以立生"的生命观

王夫之综合孟子"义者,人路也"的思想和《周易·文言传》"义者,利之和也"的观点,将"义"确立为"立人之道"。

王夫之在《尚书引义》中说:"立人之道曰义,生人之用曰利。出义入利,人道不立;出利入害,人用不生。……呜呼!利义之际,其为别也大;利害之际,其相因也微。夫孰知义之必利,而利之非可以利者乎!"[1]他以"义"为人道之体,以利为人道之用,这就克服了"义""利"对立的局限,防止走向"正其谊不谋其利"的非功利主义思想偏颇。

进而,王夫之将此人道之"义"内化为人之性理,认为这条"人道"不在外界,而在人心之内。他说:"孟子'义路'之说……此

---

1 /[明]王夫之:《尚书引义》,中华书局1962年版,第36页。

'路'字是心中之路,非天下之路也……'君子喻于义',路自在吾心,不在天下也。"[1]

关于"义内"的思想,王夫之也通过践行朋友之义来体现着。有一天,一位朋友来拜访,王夫之十分高兴,就倾其所有,置办饭菜。不知不觉间快到晚上了,朋友就向他告辞,王夫之依依不舍,本想多送一段路,可是他这时年事已高,又体弱多病,只好起身恭送朋友,郑重地说:"君自保重,我心送你三十里。"朋友走了一小段路,忽然想起雨伞忘记带了,就急忙往回赶。等他转回到家门口,看见王夫之还毕恭毕敬地站在原地。后来问他原因,王夫之说是因为还不到走三十里路的时间。

王夫之进一步讨论了这种内在性理尺度发挥作用的心理机制。他说:"此义字,大段在生死、行藏、进退、取舍上说,孟子以羞恶之心言义是也……孟子唯在羞恶之心上见义,故云'义内'……亦唯此羞恶之心,最与气相为体用。"[2] 这就是说,"义"作为内在的性理尺度,在对人生的大关大节进行裁制时,实际上就表现为人的羞恶之心的自我评价和自我选择。

在此基础上,王夫之确立了"生以载义、义以立生"的生命观。王夫之说:"将贵其生,生非不可贵也;将舍其生,生非不可舍也……生以载义,生可贵;义以立生,生可舍。"[3] 王夫之的"生以载义、义以立生"说,表明生命的意义完

[1] [明] 王夫之:《读四书大全说》,中华书局1975年版,第689页。

[2] [明] 王夫之:《读四书大全说》,第663页。

[3] [明] 王夫之:《尚书引义》,第109页。

全在于一个"义"字,它消解了"生"与"义"的矛盾,从而使得在"生死、行藏、进退、取舍"上只能唯"义"是从了;生命虽然可贵,但为了"义",可以舍身而取之。

这也就是王夫之提出的"贞生贞死"的观点。这里说的"贞"即正,有正确、端正之意,正确对待人的生与死。

从"贞生贞死"的观点出发,王夫之提出了"珍生"、"务义"的主张。他看到生命的价值,主张敬重生命的权利和意义,强调爱护生命。在他看来,生命之所以要贵、要珍,就在于既生而为人,应"务义",贵生、珍生不是目的,目的在于"务义"。他发挥了荀子关于人与草木、禽兽之区别的观点说:"草木任生而不恤其死,禽兽患死而不知哀死,人知哀死而不必患死。哀以延天地之生,患以废天地之化。"[1]在万物之中,人既有知觉又有理性,懂得生与死是天地生化之必然过程,因而能够既珍爱生命,又不忧死畏死,必要时能慨然赴义。这才是王夫之强调的人们对待生死应有的态度。

王夫之关于"贞生贞死"的思想体现在下面的故事中。明崇祯十六年(1643)八月,张献忠攻占衡阳,慕名招王夫之、王介之兄弟协助管理军务,二人逃匿到南岳莲花峰下。张献忠就拘留他们的父亲来逼迫他们。王氏兄弟誓死相抗,王介之先拟沉江,后欲自缢。这时王夫之自伤其体,去见张献忠,解释说自己是因为受伤才不能出仕的,从而救出了父亲,也使得兄长免

[1] [明] 王夫之:《周易外传》,中华书局2011年版,第64页。

于一死。这就是王夫之强调的既能珍爱生命,又不忧死畏死,必要时能慨然赴义的精神。

## (二)"离义而不得有利"的义利观

王夫之的"义利思想"具有承前启后、综合创新的特点:他不仅对中国历史上各家各派的义利学说予以总结,成为传统"义利思想"的集大成者;他还在继承的基础上予以批判性地超越,建构了自己独特的义利思想。

关于义,王夫之在将义一般性地界定为"立人之道"的基础上,认为义可以区分为三个不同的层次,即一人之正义、一时之大义和古今之通义。这三个层次因其适用的范围、时空的限制而有轻重、公私的区别:"以一人之正义,视一时之大义,而一人之正义私矣;以一时之义,视古今之通义,而一时之义私矣。公者重,私者轻矣,权衡之所自定也。"[1] 在王夫之看来,当这三者发生矛盾的时候,无论是一人之正义还是一时之大义,都必须服从古今之通义。

关于利,王夫之也做出了区分。从最一般的意义上,他把利解释为生人之用,认为利是指能够满足人们物质生活需要的财富与功利,这在伦理道德上属于不善不恶的范畴。但是,这种原来是不善不恶的"利"会产生两种不同的结果:一种是与人民大众的福祉相一致且能够促进人民大众福祉实现的利,也是国家

---

[1] [明]王夫之:《船山全书》第十册,岳麓书社1996年版,第535页。

人民之公利；另一种是唯利是图的个人私利，这种个人私利是一种置天下大义和国家人民利益于不顾的自私自利。

在王夫之的义利观中，"他对义利的概念做了不同含义与层次的区分，提出了义有一人之正义、一时之大义和古今之通义的不同层次和类型；利也有非道德、合道德和反道德的不同指向和意义，从而大大发展了古代的义利之辨"[1]。

首先，王夫之从动机与效果的关系并结合利害关系来探讨义利之间的内在关系，提出了"义之必利"和"离义而不得有利"的命题。他认为求利的动机不一定能达到实现功利的效果；只有以道义作为行为的准则和价值目标，才能带来和实现无害意义上的功利。他说："义者，正以利所行者也，事得其宜，则推之天下而可行，何不利之有哉？"[2]这也就是说，王夫之认为不以功利而是以道义作为价值目标和内在动机，这样不仅可以纯化人的道德动机，净化社会风气，而且还可以收获真正意义的功利，实现利国利民。

不仅如此，王夫之还说："义者，利之合也；知义者，知合而已矣。"[3]他肯定每一个人追求正当个人利益的合理性，认为道义的功用和价值就在于保护和满足正当的个人利益。人类之所以需要道义，是为了保护人们正当的个人利益的实现。王夫之的这个思想将道义拉回到现实利益世界，有助于解决宋明儒家将道义与功利对立起来

---

[1] 参见王泽应：《王夫之义利思想的特点和意义》，《哲学研究》2009年第8期。

[2] ［明］王夫之：《船山全书》第七册，第382页。

[3] ［明］王夫之：《船山全书》第五册，第268页。

的矛盾。

王夫之强调应当在义利二者冲突的情境下以义制利、为义舍利。在他看来，道义除了有与功利相贯通的一面，也有其超功利的一面。王夫之发展了孔孟儒家杀身成仁、舍生取义的思想，他强调："将贵其生，生非不可贵也；将舍其生，生非不可舍也；生以载义，生可贵；义以立生，生可舍。"[1] 即认为生命是宝贵的，生命的可贵就在于它能够身体力行道义；当生命与道义不能兼得的时候，崇尚道义的君子不会为了苟且偷生而伤害道义，而只会选择牺牲生命以成全道义。

清顺治五年（1648），清兵在明降将协助下，势不可挡，已经占领了大半个江山，王夫之一介书生，却纠合好友和乡里的人们举行起义，置生死于度外，在民族危难时刻，王夫之以实际行动呈现了一个有良知的知识分子应有的担当；在清廷留发不留头的威逼下，他认为应该坚持民族气节，坚决不断发，为此长期躲避在穷乡僻壤的窑洞。

王夫之的义利学说既批判了程朱理学义利观的观点，亦不赞同管仲、司马迁、李贽等人以利为义的观点；他主张把义与利辩证地统一起来，较好地论证了义与利之间的联系和区别。他强调求利必须以义为指导，只有以义为指导与规范，才能获取真正的利益，而真正的"义"应当是对国家民族整体利益的认可与维护。

王夫之的义利学说，"从义利之间联系的意

[1] [明] 王夫之：《尚书引义》，第109页。

义上讲，表达了对老百姓正当个人利益与国家民族根本利益的维护，表达了对维护国家民族根本利益的公义或古今之通义的高度赞同；从义利之间区别的意义上讲，区分了义利的不同层次和类型，认识到并不是所有的义都是利，也并不是所有的利都是义；义有非功利性和超功利性的一面，利也有非道义性和超道义性的一面。王夫之肯定义利关系的不可分割性，总体上是既不主张割裂义利关系，又不主张混同义利关系；既主张重义利之别，又主张重义利之合，从而建立起一种辩证的义利统一论"[1]。

---

1 / 参见王泽应：《王夫之义利思想的特点和意义》，《哲学研究》2009年第8期。

# 第十一章
# 中国古代"义"思想的现代意义

通过前文的论述可知,"儒家之'义'最初是从'礼'的精神中发展出来的一个思想谱系,其基本意蕴是从'礼'中抽象出的社会秩序之'理',其重心则是对个人的伦理义务和社会责任的规定,是对士人阶层的社会责任、道德义务的强调,而不是对权利关系的界定"[1]。下面就来看一下中国传统伦理中"义"的基本内涵以及其现代价值。

## 一、"义"范畴的含义

"义"是中国传统社会中处理个人与他人、个人与社会、物质生活与精神追求相互关系的道德范畴。"义"之含义可归纳为如下几个方面:

其一,威仪之"义"。汉代许慎在《说文解字》中解释"义"为"己之威仪"。关于"威仪",《左传》的解释是:"有威而可畏谓之威,

[1] 参见田探:《儒家之"义"的进路与王夫之对"义"的推极》,《船山学刊》2012年第3期。

有仪而可象谓之仪。"也就是说,使人畏惧之威叫作"威",让人效法之仪叫作"仪"。因而"威仪"乃是一种使人从内心敬畏而效法的品质。

其二,适宜之"义",继而有适宜之"义"引发出作为正当之"义"。比如,《中庸》里面说,"义者,宜也,尊贤为大"。"义"即适宜的意思。在宋代,适宜之"义"得到了继承和发展。朱熹说:"义者,心之制,事之宜也。"即言"义"既是制"心"的手段,也是使事情趋于正当的途径。朱熹还把"义"提到天理的高度:"义者,天理之所宜。"在这里,"义"乃天理,具有了最高原则性。

其三,道义之"义"。这也是"义"的主体含义。《左传》中说:"多行不义,必自毙。""多行不义",意思是说常做背离公理事情的人,即会失去道义,失去道义不仅无人支持,还会遭到天下人的谴责,因而会自取灭亡。道义之"义"在孔子那里表述得尤为充分,比如"君子以义为质""君子喻于义,小人喻于利"等都含有这方面的含义。

从发展历程上来说,在"义"产生之初,"义"与"礼"的关系最近。比如《左传·僖公二十八年》说道:"礼以行义,信以守礼。"这说明,"义"是作为"礼"的内在精神,作为在思想意识中处理人际关系、判断人事行为的道德准则而存在的;但是"义"在当时的情况下,是以制度体性的"礼"为其实际内容的。因而,凡是合"礼"的行为,就是正当的;凡是合"礼"的事举,就是适宜的，故有"义者，宜也"的解释。这当是"义"之概念的最初内涵。

"义"的最初内涵后来分别向论事和论人两方面发展。从论事的方面说，它被抽象为事之"理"，也有着合理性方面的含义；儒家把从"礼"制中抽象出的社会普遍理则，也称为"义"。从论人的方面说，"义"被进一步发展为作为君子的人格准则及自我道德意识。但是，"义"作为一种"生活秩序"之"理"和君子的自我道德意识，在直接的意义上，"义"更多强调的只是自我的义务而不是自我的权利。

## 二、"义"思想的现代价值

在理清"义"在现代社会的价值这个问题前，需要弄清楚中国的传统社会以及现代社会的特点。

传统社会也就是前现代社会，传统中国社会的根基是由这几个方面构成的：小农经济为主的经济基础，君主与官僚制度配合的政治体制，宗法血缘关系统帅的社会结构。自秦汉以来，中国的传统社会是以儒家思想为主导的社会。"儒家思想在前现代社会所居的正统、广泛、绝对的影响是和宋元以来王朝统治的支持、推行教育制度以及家族制度提供的社会基础分不开的……所有这一切构成了儒家文化或儒教社会的整体。"[1] 总的来说，

1 / 陈来：《传统与现代》，生活·读书·新知三联书店2011年版，第97页。

自秦汉以来，儒家思想的广泛影响是依赖于传统社会的建制的。

而现代社会最初是在西方经过启蒙运动、宗教改革以及工业革命而逐渐建立起来的，主要表现为：经济方面的社会工业化以及"包含竞争性的产品市场和劳动力的商品化过程中的商品生产体系"[1]；文化方面对个人权利与自由、理性强调以及对政治上民主法治的重视。

自19世纪中叶以来，中国文化主要是儒家文化遭遇了西方近代文化的强烈冲击。"经过本世纪初二十余年，儒教文化已全面解体，经历过新文化运动，儒学在青年中更失去权威。"[2]儒家思想同时作为一套伦理道德规范体系，而"道德作为调节人的行为，调节个体与作为共同体的社会的利益的文化形式，含有超越历史时代的普遍性准则，因此'道德世界不只是一种意识形态'，'还是经验与具正智慧的一种结果'"[3]。因此需要对儒家思想中的伦理价值规范进行创造性的转化，经过批判性的继承从而使其与现代社会相融合。

儒家提倡"为己之学"，也就是说通过知识、修养、践行来达到自我的实现。儒家不仅是内圣之学，更是外王之学。"诚心、正意、修身，指向齐家、治国、平天下；晚近以来之儒者如现代新儒家，虽有外王的民主指向，究竟侧重发展儒家内圣之学。至其后学，更将儒家化约为'儒学'，从'哲学'、'文化'、'教育'等角度探讨

1 / [英]安东尼·吉登斯：《现代性与自我认同》，生活·读书·新知三联书店1998年版，第16页。

2 / 陈来：《传统与现代》，第100页。

3 / 陈来：《传统与现代》，第75页。

儒家，刻意回避儒家之外王面相。这必将导致儒家与现代社会脱节，令其沦为可有可无之点缀。"[1] 因此，在介绍"义"的现代价值的时候要结合"为己"以及"为人"来描述。

(一)"义利之辨"的现代意义

首先来看在儒家伦理体系中占有重要地位的"义利之辨"。这个问题被历代儒者所关注，比如朱熹就说过"义利之说乃儒者第一义"。此种观点始于孔子，孔子说过"君子喻于义，小人喻于利"，而后董仲舒更将"义利之辨"明确地转化成"正其谊不谋其利，明其道不计其功"。这里，自孔子以来，他们并不反对利益，只是主张在讲道德问题时，应以仁义为首出，而不应以利益为首出。

先秦儒家的义利观，"实质上是对整个人生的看法、对生命意义的拷问。从政治伦理的视域来看，义利观是与人生的理想、责任以及治国安邦等重大问题联系在一起的，它直接关系到人生的根本目的与政治追求"[2]。

因此，从最高层次来说，即终极的道德原则，通过对义利的强调，突出仁义原则是唯一最高的道德原则，避免人们对于个人利益的过分强调而失去精神动力；在最高层次之下，即一般的道德原则，功利可以与正义原则并立，也就是说义利是可以并立的，这样可以防止国家通过过分强调义利分立而损害个人利益。

1 / 参见编者按：《儒学与现代社会治理》，《开放时代》2011年第7期。

2 / 参见皮伟兵，焦莹：《先秦儒家义利观新探》，《伦理学研究》2011年第6期。

## (二)"义"思想在现代国家中的作用

现代社会是一个以公民为本位的社会。在现代国家中,现代公民意识强调公民自身的意志自主;它强调公民权利的天赋拥有,不受其他任何人为因素的限制与影响。个人在私人领域、在不妨害他们的情况下,其自由和独立人格受到充分的保证。这些因素都是中国传统伦理思想所欠缺的。比如说,传统的"义"思想过多强调的是个人的义务而非个人的权利。但是在这方面,可以吸收西方政治思想中的"正义"因素,使得"义"思想与现代社会相适应。

而且,通过强调"义"思想中的正当、责任这方面的含义,可以增强公民对于民族、社会的责任感,也有利于提高掌握权力的人们的道德自律意识。

## (三)"义"在其他方面的作用

儒家思想强调"内圣外王",通过个人的修养、实践来推己及人。因此,儒家伦理思想在个人修养、调节个人与他人关系方面有着突出的意义。关于"义"思想的作用,可以表现为:在个人方面,它有助于个人博爱精神的培养与道德操守的形成。在与他人的关系方面,它有助于建立在爱情与血缘亲情之上的家庭关系的和谐;它有助于职业道德领域服务意识及敬业精神的培养;也可以增强社会成员之间的相互信任等等。其实,这些作用是每个伦理思想中都可以包含的方面。

但是,如何避免思想与现实的脱节现象、如何使得"义"的伦理价值规范避免调子过高而造成空壳化现象,需要每一个人去努力探索。

# 参考文献

[1] 李学勤. 殷代地理简论 [M]. 北京：科学出版社，1959.

[2] 于省吾. 甲骨文字诂林 [M]. 北京：中华书局，1999.

[3] 陈梦家. 殷虚卜辞综述 [M]. 北京：中华书局，1988.

[4] 胡奇光，方环海. 尔雅译注 [M]. 上海：上海古籍出版社，2009.

[5] 周振甫. 诗经译注 [M]. 北京：中华书局，2002.

[6] 李民，王健. 尚书译注 [M]. 上海：上海古籍出版社，2004.

[7] 李梦生. 左传译注 [M]. 上海：上海古籍出版社，1998.

[8] 邬国义. 国语译注 [M]. 上海：上海古籍出版社，1997.

[9] 杨天宇. 礼记译注 [M]. 上海：上海古籍出版社，2004.

[10] 杨伯峻. 论语译注 [M]. 北京：中华书局，1986.

[11] 刘宝楠. 论语正义 [M]. 北京：中华书局，1990.

[12] 朱熹. 四书章句集注 [M]. 北京：中华书局，1983.

[13] 钱穆. 论语新解 [M]. 四川：巴蜀书社，1985.

[14] 陆德明. 经典释文 [M]. 中华书局四部丛刊初编本.

[15] 毛奇龄. 论语稽求篇 [M]. 文渊阁《四库全书》经部四书.

[16] 何晏、邢昺.论语注疏[M].北京：北京大学出版社，1999.

[17] 李炳南.论语讲要[M].武汉：长江文艺出版社，2011.

[18] 上海博物馆编.商周青铜器铭文选[M].北京：文物出版社，1987.

[19] 黎靖德.朱子语类[M].北京：中华书局，1994.

[20] 冯友兰.中国哲学史[M].上海：华东师范大学出版社，2000.

[21] 曾振宇.思想世界的概念系统[M].北京：人民出版社，2012.

[22] 牟宗三.圆善论[M].长春：吉林出版集团，2010.

[23] 赵岐，孙奭.孟子注疏[M].北京：北京大学出版，1999.

[24] 焦循.孟子正义[M].北京：中华书局，1987.

[25] 王先谦.荀子集解[M].北京：中华书局，2012.

[26] 杨国荣.善的历程[M].上海：上海人民出版社，2006.

[27] 曾振宇，范学辉.天人衡中：《春秋繁露》与中国文化[M].开封：河南大学出版社，1998.

[28] 班固.汉书[M].北京：中华书局，1962.

[29] 程颢，程颐.二程遗书[M].上海：上海古籍出版社，2000.

[30] 朱熹，吕祖谦.近思录[M].上海：上海古籍出版社，2000.

[31] 叶适.习学记言序目[M].北京：中华书局，1977.

[32] 颜元，钟錂.颜习斋先生言行录[M].上海：商务印书馆，1939.

[33] 楼宇烈.王弼集校释[M].北京：中华书局，1980.

[34] 房玄龄.晋书[M].北京：中华书局，1980.

[35] 戴明扬. 嵇康集校注 [M]. 北京: 人民出版社, 1962.

[36] 嵇康. 嵇中散集 [M]. 上海: 商务印书馆, 1937.

[37] 郭象注. 南华真经 [M]. 四部丛刊景明堂世德本.

[38] 王通. 文中子中说 [M]. 阮逸注. 秦跃宇点校, 南京: 凤凰出版社, 2017.

[39] 韩愈. 韩昌黎文集校注 [M]. 马其昶校. 上海: 上海古籍出版社, 1998.

[40] 程颐, 程颢. 二程集 [M]. 北京: 中华书局, 1981.

[41] 朱熹. 朱子全书 [M]. 湖南: 岳麓书社, 1998.

[42] 张立文. 宋明理学研究 [M]. 北京: 中国人民大学出版社, 1985.

[43] 陈来. 宋明理学 [M]. 北京: 生活·读书·新知三联书店, 2011.

[44] 陈亮. 龙川集 [M]. 吉林: 吉林出版社, 2005.

[45] 黄宗羲. 宋元学案 [M]. 北京: 中华书局, 1996.

[46] 陈来. 有无之境——王阳明哲学的精神 [M]. 北京: 北京大学出版社, 2013.

[47] 黄宗羲. 明儒学案 [M]. 北京: 中华书局, 2008.

[48] 王国良. 明清时期儒学核心价值的转换 [M]. 合肥: 安徽大学出版社, 2005.

[49] 王守仁. 王阳明全集 [M]. 上海: 上海古籍出版社, 2012.

[50] 钱穆. 阳明学述要 [M]. 北京: 九州出版社, 2011.

[51] 傅永聚. 中华伦理范畴——义 [M]. 北京: 中国社会科学出

版社,2006.

[52] 萧公权.中国政治思想史[M].北京:新星出版社,2010.

[53] 余英时.现代儒学论[M].上海:上海人民出版社,2010.

[54] 余英时.宋明理学与政治文化[M].吉林:吉林出版集团,2008.

[55] 张建业主编.李贽文集[M].北京:社会科学文献出版社,2000.

[56] 黄宗羲.黄梨洲文集[M].北京:中华书局,1959.

[57] [英]安东尼·吉登斯.现代性与自我认同[M].北京:生活·读书·新知三联书店,1998.

[58] 陈来.传统与现代[M].北京:生活·读书·新知三联书店,2011.

[59] 王夫之.尚书引义[M].北京:中华书局,1962.

[60] 王夫之.读四书大全说[M].北京:中华书局,1975.

[61] 王夫之.周易外传[M].北京:中华书局,2011.

[62] 王夫之.船山全书[M].湖南:岳麓书社,1996.

[63] 刘洪波,刘凡.《论语·里仁》:"君子喻于义,小人喻于利"新解[J].古籍整理研究学刊,2004(4).

[64] 河北省文物管理处.河北省平山县战国时期中山国墓葬发掘简报[J].文物,1979(1).

[65] 张诒三."君子喻于义,小人喻于利"探诂[J].孔子研究,2003(3).

[66] 吴光.黄宗羲的学术成就及其现代价值[J].中国哲学史,2006(1).

[67] 陈来.黄宗羲民本思想的现代意义[J].浙江学刊,2005(4).

[68] 田探.儒家之"义"的进路与王夫之对"义"的推极[J].船山学刊,2012(3).

[69] 王泽应.王夫之义利思想的特点和意义[J].哲学研究,2009(8).

[70] 编者按.儒学与现代社会治理[J].开放时代,2011(7).

[71] 皮伟兵,焦莹.先秦儒家义利观新探[J].伦理学研究,2011(6).